Georges Blondel | Auguste Souchon
Martin Saint-Léon
Charles Combes | Dufourmantelle
Emmanuel Rivière

Idées sociales et Faits sociaux

INTRODUCTION
DE GEORGES GOYAU

PARIS
ALBERT FONTEMOING, ÉDITEUR
4, Rue Le Goff, 4

1903

IDÉES SOCIALES & FAITS SOCIAUX

Georges Blondel | Auguste Souchon
Martin Saint-Léon
Charles Combes | Dufourmantelle
Emmanuel Rivière

Idées sociales et Faits sociaux

INTRODUCTION
DE GEORGES GOYAU

PARIS
ALBERT FONTEMOING, ÉDITEUR
4, Rue Le Goff, 4

1903

INTRODUCTION

—

Au cœur de la charité est la perle de la justice.

S. CATHERINE DE SIENNE.

Les conférences qui forment les divers chapitres de ce livre ont été données en 1902, à Paris, dans l'hôtel de Mme la baronne Piérard. Définir le devoir social et les exigences créés, soit par les misères nouvelles, soit par une plus exacte connaissance des conditions économiques ; esquisser les thèses socialistes ; opposer à ces thèses, non point seulement des critiques (ce qui est trop aisé), mais les linéaments d'une autre solution, positive, concrète, pratique, se réclamant du catholicisme : tel était le but de cette série d'entretiens. On les trouvera reproduits ici tels qu'ils furent applaudis : c'est le meilleur gage de leur succès. Entendus, ils firent du bien : on espère que, lus, ils garderont leur efficacité. Ils aspirèrent à éveiller des idées, à susciter des vouloirs, à faire comprendre des responsabilités, et même, si besoin était, à insinuer des scrupules, des inquiétudes, des doutes ; ils aspirèrent à éclairer, au risque de troubler. A l'origine de beaucoup de réflexions fécondes, il y a des doutes ; à l'origine des dévouements les plus actifs, il y a des troubles. L'optimisme systématique est stérile ; craignant de faire front aux problèmes, il passe à côté d'eux. Les conférenciers dont ce livre reproduit l'enseignement n'ont pas dit à leurs auditrices que tout ici-bas fût pour le mieux et ne leur ont même pas donné l'illusion que leur charité à elles pût être une panacée suffisante et souveraine ; elles ont compris, en les écoutant, qu'il y a une question sociale, que cette question nous dépasse et nous déborde, et que pourtant elle nous impose certaines obligations, obligations de connaître, obligations d'agir. Dès que cela est saisi, dès que cela est admis, les conférenciers se peuvent dire qu'ils n'ont perdu ni leur temps ni leur peine. Il y a des traits de lumière qui, lorsqu'ils ont fait brèche dans les cerveaux, font brèche dans les existences ; une fois illuminée par l'idée du devoir social, l'âme devient anxieuse, et d'anxieuse impatiente, et d'impatiente inventive ; force qui s'ignorait, elle devient une force qui s'épanouit.

⁂

Quand on se passionne à mesurer le progrès des idées, on a quelque attrait à s'imaginer ce qu'eût pensé de ces conférences tel économiste « libéral » du second tiers du dix-neuvième siècle, ressuscité par aventure au printemps de 1902. On ne parlait, il y a cinquante et soixante ans, que d' « harmonies économiques » : le mot était de Bastiat, et fit la fortune de son auteur en même temps qu'il la partagea. Pour sceller à jamais leur harmonie, le capital et le travail étaient invités l'un et l'autre à échanger un long baiser Lamourette, dont la vieille économie politique détaillait avec conviction les douceurs et les vertus. Mais c'est en vain que ces deux abstractions, capital et travail, firent effort pour s'embrasser : le capitaliste et le travailleur, êtres concrets, personnes vivantes, virent surgir entre eux des murailles de nuages. En théorie, on parlait d'harmonie ; pratiquement et en fait, on s'organisait pour l'antagonisme. On prouvait, en théorie, que le nécessaire des uns était fait du superflu des autres ; la science se faisait caressante pour les dépenses de luxe, nourricières de l'ouvrier ; et s'il advenait souvent, malgré la sécurité de la science, que le pain de la vieillesse ne succédât point aux labeurs de l'âge mûr, n'avait-on pas, alors, la ressource de l'aumône, ce luxe du cœur ? Mais en fait, on commençait à se demander si parfois la misère des uns n'était pas faite du superflu des autres, et s'il était juste que des vies tout entières consacrées au travail eussent besoin, pour porter avec dignité l'auréole des cheveux blancs, de faire appel à la généreuse mais capricieuse charité. On voyait le capitaliste en défiance contre le travailleur, et le travailleur en défiance contre le capitaliste : l'un des deux connaissait Bastiat, l'autre l'ignorait ; mais l'un et l'autre le démentaient. Dans les livres, l'économie « libérale » demeurait toujours belle, toujours pacifique ; mais dès qu'on sortait des livres pour descendre sur la terre, ses béates promesses se volatilisaient ; et il fallait remonter en l'air, très en l'air, pour en ressaisir l'enchanteur mirage.

On n'a plus, aujourd'hui, le goût ni le loisir de faire des ascensions à la poursuite d'un rêve. Les journaux et les affiches, les boycottages et les grèves, les discussions des meetings et les débats du Parlement, témoignent qu'entre capitalistes et travailleurs il y a une divergence d'intérêts devant laquelle disparaît cette harmonique solidarité définie par les économistes d'antan. L'économie politique, pendant une grande partie du dix-neuvième siècle, fut une science qui rassurait ; elle est devenue, présentement, une science qui inquiète. De spéculative elle s'est faite empirique ; en se faisant empirique elle s'est révélée pessimiste. Elle a cessé d'opérer à la façon d'une morphine, qui dans le cœur du riche endormait certains scrupules et qui dans le cœur du pauvre embaumait certaines amertumes. Les intérêts se sont alarmés, les consciences aussi ; et la morphine a perdu son charme.

Il est fâcheux, à la vérité, que tous les hommes ne soient pas vertueux ; car dans une sorte de Salente sur la vie de laquelle le péché originel ne pèserait point, les harmonies économiques ne subiraient, vraisemblablement, aucun accroc. Mais l'infortune de cette théorie et de toutes les thèses analogues, c'est que, explicitement ou inconsciemment, elles se rattachent à la grande erreur du XVIIIe siècle sur la bonté naturelle de l'homme. En politique, cette erreur fut tout de suite sanctionnée, en même temps que réfutée, par les Terroristes de la Convention. En économie sociale, elle a conduit des penseurs, qui, cependant, se croyaient chrétiens, à faire l'apologie de l'absolue liberté de la concurrence ; mais comme les êtres humains ainsi déchaînés les uns contre les autres étaient loin d'être aussi bons que le croyait Rousseau, nos bons concurrents, au lieu de s'étreindre, se mordirent ; et le *struggle for life* couronna la théorie des harmonies économiques, en même temps qu'il la souffletait. Aussi est-ce véritablement une victoire pour la conception chrétienne de la société et, en particulier, pour la doctrine du péché originel, que l'illusion de je ne sais quelle harmonie spontanée, résultant de je ne sais quelles lois naturelles, ait fait place, aujourd'hui, à un tout autre système d'idées, concluant à la nécessité d'une organisation économique.

L'Encyclique que publia Léon XIII en 1891 sur la condition des ouvriers a tracé les grandes lignes de ce système. Le Pape nous a replacés dans la réalité vivante d'où nous exilaient les anciens économistes ; reprenant ces deux termes de capital (*res*) et de travail (*opera*), il ne les fait point évoluer, comme des entités, dans un utopique état de nature où tout s'harmonise, mais où rien ne vit ; il les transporte dans l'état de société, dans cet état où nous sommes appelés à vivre par là même que nous sommes des hommes ; il incarne ce mot abstrait « travail » ; de cette abstraction, il fait quelque chose qui sue, quelque chose qui peine, quelque chose qui respire et qui aspire ; et ce quelque chose est une personne rachetée par Dieu ; ce quelque chose est un travailleur frère du Christ et coparticipant de Dieu ; et l'organisation sociale doit seconder ce travailleur, pourvoir à ce que ses sueurs se condensent en profits, à ce que le fardeau du labeur ne paralyse pas sa respiration, à ce que l'asservissement à la matière brute ne refrène pas ses aspirations. Elle lui prêtera un double concours : d'abord elle l'invitera et l'aidera à s'associer avec ses frères du même métier : ce sera le syndicat ; puis elle protégera son hygiène, son repos, ses forces, et lui garantira le loisir dont il a besoin pour sa vie religieuse, familiale, civique : ce sera l'affaire de la législation, directement promulguée par les pouvoirs publics, ou définie sous leurs auspices par les autorités légitimes du métier définitivement constitué. Alors, grâce aux organismes créateurs d'ordre, l'ordre réel commencera de régner. On ne niera plus que le capitaliste et le travailleur ont des intérêts souvent inverses, parfois distincts ; mais le terrain d'entente existera, bien délimité, sur lequel planeront des arbitres désignés ou reconnus par l'un et par l'autre ; l'harmonie ne sera pas spontanée, elle sera organisée ; on ne se piquera plus, comme cet ancien préfet de police de la seconde République, de faire de l'ordre avec du désordre ; on fera de l'ordre avec de l'ordre.

Car dans l'humanité pécheresse la justice sociale ne saurait être une improvisation fatale, survenant comme un total dans le bilan de ce qu'on appelle la « force des choses » ; elle doit être l'élaboration des hommes, la résultante des âpres vouloirs humains ; elle ne se trouve pas, elle se cherche ; elle ne se cueille pas, elle se conquiert. Depuis que l'humanité s'est trop longuement attardée sous l'arbre de la science du bien et du mal, elle n'a pas le droit d'attendre la justice sous le bel orme, maintenant bien desséché, que plantaient naguère les économistes, et qui ressemblait singulièrement à un arbre d'ignorance. Et ce sera la gloire de Léon XIII, succédant à des théoriciens qui, vis-à-vis du problème social, avaient mis la conscience chrétienne au repos, d'avoir, lui, depuis douze ans, mis cette conscience au travail. L'idée de justice sociale, qui soulèvera le monde tant qu'il y aura des des hommes, et qui souffriront, a trouvé en lui son docteur.

⁂

Mais des voix s'élèvent pour protester en faveur de la vieille charité ; et ces avocates, toujours accueillies, toujours écoutées, n'ont pas même besoin de plaider pour être d'avance victorieuses. On ne remplacera pas la vertu théologale de charité ; une humanité dans laquelle elle n'aurait plus occasion de s'exercer deviendrait vraiment inhabitable, tant il y ferait froid. L'effort toujours plus viril vers la justice sociale, commandé par cet amour fraternel qui est le synonyme du mot charite, ne vise point à rendre l'action charitable superflue ; et les plus aventureux champions de cette justice sentent bien qu'au delà de tous les calculs, des misères imprévues continueront de surgir, auxquelles l'aumône elle-même sera nécessaire. Que ceux-là donc se rassurent, qui aiment à se dépouiller pour autrui ; le succès du christianisme social ne les sévrera pas de cette joie. Si large que s'épanouisse le domaine de la justice et quelque recul qu'en prennent les frontières, il y aura toujours, tout aux alentours, un immense terrain vague où des détresses insoupçonnées s'abandonneront à la gracieuse charité des cœurs aimants. Qu'elles se rassurent aussi, ces femmes d'œuvres qui parfois semblent craindre d'être traquées sur leurs champs d'apostolat par les nouveaux apôtres de la « justice » ; elles n'auront jamais à chômer. Et s'il n'en est aucune parmi elles qui n'ait regretté, à certains moments, de n'avoir point des journées plus longues, une aumônière plus pesante et des énergies plus disponibles, qu'elles se réjouissent donc au lieu de se plaindre, lorsque la diminution ou l'abolition, par la voie syndicale ou par la voie légale, de certaines misères et de certaines détresses, permet à leur zèle de défricher d'autres fourrés d'indigence, inexplorés jusque-là faute de bras. Ce serait, du reste, une singulière et mauvaise pratique, que celle qui consisterait à veiller avec un soin jaloux, et d'ailleurs très sincèrement apitoyé, sur la demi-prolongation de certains cas spéciaux de misère, afin de faire vivre les belles et bonnes œuvres qui se consacrent à les atténuer. Si quelque réforme sociale équitable peut aboutir à supprimer complètement la raison d'être d'une bonne œuvre, ne pleurons pas sur la bonne œuvre menacée ni sur la réforme qui la menace, et si cette réforme met en disponibilité quelque parcelle de nos forces, portons cette parcelle ailleurs. Sachons gré, plutôt, aux apôtres de la justice, de nous induire, ainsi, à diversifier nos méthodes et notre clientèle, à renouveler celle-ci, à rajeunir celles-là. Laissons-les sans crainte semer et moissonner; derrière leurs demi-succès, il restera toujours pour l'action charitable beaucoup à glaner.

Bien loin que la justice sociale s'insurge contre l'action charitable avec je ne sais quels airs d'arrogance, elle attend au contraire, de cette action même, la plus précieuse des lumières. La philanthropie officielle et bureaucratique veut supplanter les institutions traditionnelles de la charité chrétienne, cela n'est plus un secret pour personne. En face de cette concurrence qui sera prochainement une hostilité beaucoup plus qu'une émulation, la charité chrétienne pourra jouer un rôle insigne si, mise en présence d'une misère, elle prend l'habitude d'en étudier les antécédents, les facteurs sociaux, d'aller à la racine du mal. C'est là une besogne que l'Etat ne peut faire; il n'en a pas le temps et, même radical, n'en aurait pas le courage. Mais cette sociologue qu'est redevenue l'Eglise possède, elle, le courage, et les ouvrières de charité formées par ses doctrines pourraient, sans trop de difficultés, à l'occasion des détresses qu'elles visitent, se mettre méthodiquement aux écoutes, entendre l'instructif récit de ces souffrances ou de ces déchéances, remonter jusqu'à la cause initiale, mesurer la responsabilité des heureux et celle du corps social dans ce phénomène morbide, et préparer ainsi, comme appendice à leur charité, ce que j'appellerais des documents pour les prochaines revendications de la justice. La conduite de pareils interrogatoires exige, on le pressent, que ceux ou celles qui s'en chargent aient déjà des notions assez exactes de certaines questions économiques : mais de même qu'aucun cœur de femme, au chevet d'un malade, ne renonce à s'instituer quelque peu médecin, de même quelle est la femme d'œuvres qui, plutôt que de demeurer une empiriste renouvelant sans cesse la même besogne et faisant le bien, si j'ose dire, à la petite semaine, n'aimerait mieux procéder, sérieusement, systématiquement, à des relèvements de foyers ? En colligeant les questionnaires dont l'étude permettra d'aviser à ces relèvements, les praticiens de l'action charitable et les théoriciens de la justice sociale se sentiront d'indissolubles collaborateurs.

Salaires et misères de femmes : Sous ce titre, M. le comte d'Haussonville a tracé le tableau des duretés de la vie laborieuse, beaucoup moins remarquées, et plus âpres pourtant en leur fatale monotonie, que ne le sont certaines infortunes exceptionnelles. Le titre, à lui seul, est une grave leçon : salaire et misère y apparaissent comme connexes, et le salaire, ou peu s'en faut, comme le père de la misère. Les petits, les tout petits budgets d'ouvrières, qu'on trouvera publiés dans ce livre, peuvent servir d'exemple aux discrètes mais pénétrantes enquêtes auxquelles la charité doit procéder. La charité, par son aumône, est la rédemptrice du mal présent ; par ses recherches, par ses trouvailles, par les conclusions qu'elle en tirera ou que d'autres en tireront, par les réformes qu'elle suscitera, elle peut devenir la rédemptrice du mal futur.

Ce jour-là, la notion même d'aumône, si injustement diffamée par les théoriciens du socialisme révolutionnaire, sera réhabilitée. Que le peuple considère l'aumône comme avilissante, cela est faux : le pauvre croit-il avilir plus pauvre que lui en lui donnant un peu de son nécessaire, comme cela est constant parmi les populations inconsciemment chrétiennes de nos faubourgs paganisés ? Ce qui paraît avilissant au peuple, c'est la nécessité, pour des familles où tous travaillent, d'avoir à recourir à l'aumône pour compléter des salaires insuffisants, et c'est la constatation très nette qu'en dépit de la promesse que donnait en sa justice un Dieu pourtant courroucé, l'on n'arrive point à gagner tout son pain en suant de tout son front. De là à considérer l'aumône comme une consécration de l'injustice sociale, il n'y a qu'un pas : de là la défaveur de l'idée d'aumône. Mais explorer les sources de cette défaveur, qui attriste beaucoup de nobles âmes, c'est déjà les tarir.

La façon de donner vaut mieux que ce qu'on donne, dit un vers célèbre. Ce qu'on donne vaut quelque chose, aux yeux de l'affamé ; mais ce qui vaut mieux et bien mieux, c'est qu'il sente que les bienfaiteurs étudient et cherchent de toute leur âme la façon..... de n'avoir plus à lui donner, de le relever, de lui assurer une vie économique lucrative et autonome. Ainsi va s'élargissant l'horizon des âmes charitables ; elles peuvent redresser et orienter des existences, et tailler des pierres pour cette reconstruction de l'édifice social, à laquelle travaillent les justiciers du règne de Dieu.

L'exercice de la charité, ainsi compris, ne communique plus seulement le frisson de la misère ; il en inculque l'intelligence. Il n'engendre plus seulement des émotions, mais aussi des résolutions. Cette pauvresse dont vous visitez le taudis est victime d'une entrepreneuse, qui dépend à son tour. économiquement, de l'un des magasins dont vous êtes les clients. Cette enfant qu'ont anémiée de trop longues veilles fut retenue à la tâche, chez sa patronne, par des commandes trop urgentes, ce qui veut dire, consciencieusement parlant, trop tardives ; et ces commandes étaient peut-être les vôtres. Et voici s'abaisser aux regards éblouis de la visiteuse des pauvres, la cloison étanche qu'elle avait laissé s'élever, dans sa vie, entre son rôle d'acheteuse et son rôle de donatrice : elle prend conscience d'un certain degré de responsabilité dans l'origine de telle détresse à laquelle elle porte ses aumônes ; elle voit, comme en une révélation, la part de prépondérance qu'elle peut avoir sur le marché économique (1) ; elle reconnaît que d'acheter, que de consommer, ce n'est pas seulement une satisfaction individuelle, mais une fonction sociale, et qu'elle se trouve, elle, comme acheteuse, comme consommatrice, à la cime de ce formidable édifice économique, si pesant pour ceux et celles qui sont à la base. Lorsqu'on se sent une cime et qu'on a de la bonté dans le cœur, on peut beaucoup pour ceux qui sont en bas ; et si la pitié, d'attendrie,

(1) Lire à ce sujet, dans la *Réforme sociale* du 16 mars 1903, le rapport lu par Mme Henriette Jean-Brunhes à la séance du 19 décembre 1902 du Conseil de l'Office central des œuvres charitables, sur les Ligues de Consommateurs en Amérique. La sanction de ce rapport fut la fondation d'une Ligue sociale d'acheteurs à Paris, en vue de « créer une demande de travail exécuté dans des conditions morales et sociales. »

devient songeuse, si elle se nuance d'un certain remords, si elle se reproche, avec une sorte de *mea culpa*, de n'avoir point assez lutté contre la genèse de la misère, l'aumône, alors, sera d'autant plus abondante et d'autant plus assidue, que commencera de gronder, au for intime de l'âme, le murmure de la justice lésée.

⁂

La réflexion individuelle, l'effort individuel, sont désormais en branle, pour donner satisfaction à ce murmure et pour en prévenir le retour. Le devoir charitable n'apparaît plus que comme un épisode du devoir social ; et dans une âme ainsi éclairée, c'est presque la conception même de la vie qui est en passe de changer. La préoccupation d'autrui n'est plus l'occupation d'une heure déterminée, de l'heure consacrée à l'aumône ; elle devient l'assise même de l'existence. On ne fait plus au cœur sa part ; il est si pleinement conquis qu'il a les besoins et les exigences d'un conquérant. On ne veut plus seulement visiter la misère, mais s'installer chez elle, et plus seulement lui sourire, mais prendre le temps de pleurer avec elle. On avait des « relations » dans les faubourgs ; désormais, on veut se lier, et l'on va quêter près des pauvres eux-mêmes des lettres de naturalisation. Ils les accordent facilement et avec gratitude, dès qu'ils sentent, chez les postulants, de la sincérité et de la simplicité. Tous les quatre ans, ils donnent leurs voix à des courtisans ; mais quant à leurs cœurs, ce n'est pas en leur faisant la cour qu'on les obtient. D'excessives avances d'amitié sont même importunes : l'amitié n'est point unilatérale, comme on pourrait le croire, vraiment, en entendant parfois, sur certaines lèvres condescendantes, le mot « mon ami » s'égarer à l'adresse d'un pauvre, qui trouverait étrange, l'infortuné, de rendre, brusquement, amitié pour amitié, et qui serait surtout taxé d'être étrange s'il se le permettait. Ce n'est point par un empressement improvisé, par une pétulance d'affection subite, que se peut rétrécir, entre le riche et le pauvre, le fossé comblé par le Christ et de nouveau creusé par Mammon. Pour ce contact, toute une éducation est nécessaire, et le riche, plus encore que le pauvre, a besoin de cette éducation ; il y a des préjugés à vaincre, des susceptibilités à dompter, une égalité de dignité à reconnaitre. Les « Maisons sociales », où l'on commence à se coudoyer et à s'entendre avec confiance et liberté, seront peut-être, dans le chaos qu'ouvre sous nos pieds l'imminente disparition de beaucoup de bonnes œuvres, les séminaires de cette éducation nouvelle, et qui jusqu'ici manquait. Les conférenciers qui promenaient leurs auditrices à travers les idées sociales et les faits sociaux voyaient, à l'angle de leur chaire, les laborieuses « résidentes » qui, dans ces « Maisons sociales », travaillent à faire s'aimer les hommes entre eux, non d'un amour théorique, vague, philanthropique, mais d'un amour agissant et durable, parce qu'on ne s'aimera qu'après s'être connu, et parce que s'échangeront, perpétuellement, les occasions de se connaitre mieux. Et sur les décombres des prétendues « harmonies économiques », qui, pour toujours, jonchaient le sol, commençaient de se dérouler, par la grâce de l'esprit de charité, et dans le cadre nettement arrêté d'un programme de justice sociale, d'autres spectacles d'harmonie ; et l'on ne parlait plus de l'accord des intérêts, inutilement vaticiné par la vieille économie libérale ; mais l'on se prenait à espérer qu'il ne serait point à jamais utopique de rêver d'un autre accord, qui, peut-être, succéderait, non sans délais ni soubresauts, à l'organisaton permanente et pacificatrice des intérêts en lutte : l'accord des âmes.

Georges GOYAU.

LA QUESTION SOCIALE ET LE DEVOIR SOCIAL

Dans l'éloquent appel qu'il adressait, le 15 mai dernier, à l'auditoire d'élite qui se pressait dans cette hospitalière demeure, M. Jules Lemaître, montrait, d'une façon lumineuse, qu'il s'agit d'établir entre vous, Mesdames, et les masses ouvrières qui sont séparées du monde auquel vous appartenez, par une sorte d'abîme, des relations fraternelles et de créer des liens plus solides que ceux qui découlent des œuvres de bienfaisance. Il ne faut pas, disait-il, se contenter de faire la charité, il faut encore aujourd'hui introduire, dans notre société si divisée, plus de justice sociale.

Mais pour que les efforts auxquels on vous a conviées et auxquels beaucoup d'entre vous se sont associées avec un zèle admirable, portent tous leurs fruits, il faut qu'ils soient éclairés par une intelligence aussi complète que possible des transformations politiques et économiques contemporaines, par une vue claire de ce que sont aujourd'hui, surtout pour ceux que la Providence a placés dans une situation plus élevée, les devoirs d'esprit, de cœur, et d'action qui s'imposent à tous les Français. On l'a dit avec raison, il est plus difficile, aux heures troublées comme celles que nous traversons, de connaître son devoir que de le faire.

C'est pour vous aider dans cette étude que vous êtes invitées à suivre cet hiver une première série de leçons qui se relieront les unes aux autres et dont l'ensemble constituera une sorte d'introduction à l'étude des questions sociales. En venant assister à ces instructions vous ne viendrez chercher, ni des discours éloquents, ni des causeries spirituelles. C'est un enseignement méthodique qui vous sera donné. Il fera certainement germer dans vos esprits des réflexions salutaires et de fécondes résolutions. La première leçon doit être consacrée à l'étude du *devoir social*. C'est pour moi un périlleux honneur de vous parler, avec une expérience de la vie encore un peu courte, de ce grave et difficile sujet. Je le ferai aussi simplement que possible, vous demandant par avance la permission de m'exprimer avec une franchise dont j'espère que vous ne me saurez pas trop mauvais gré.

∴

Lorsqu'on se demande quel est le trait le plus caractéristique parmi les transformations si nombreuses que la France a subies au cours du XIXe siècle, je crois qu'on peut répondre sans hésiter que c'est le triomphe dans notre pays de la démocratie.

Pour comprendre l'importance des changements dont l'avènement de la démocratie a été la cause, il est nécessaire de faire un retour sur le passé et de rappeler en quelques mots la marche générale des idées depuis 1789.

L'ancien régime, dont la Révolution a déterminé la chûte, reposait essentiellement sur des privilèges et des inégalités. Il confiait la direction générale des affaires à une minorité. Or, à la fin de XVIIIe siècle, ce régime ne répondait manifestement plus aux aspirations et aux désirs légitimes des générations nouvelles. Sa chute a été accompagnée de violences regrettables, mais il est certain qu'un peu plus tôt, un peu plus tard, il était destiné à disparaître.

C'était une grosse affaire que d'édifier un régime nouveau. Ce soin appartenait à ceux qui s'intitulaient eux-mêmes les députés de la nation. Or la plupart de ces hommes étaient inexpérimentés; beaucoup étaient en outre présomptueux et passionnés. Leurs intentions généreuses furent commes noyées dans des sentiments de rancune et de haine qui prirent vite le dessus. Et rien de durable ne peut se fonder sur de pareils sentiments.

Ce fut en réalité Bonaparte qui organisa le régime

sous lequel nous vivons encore, régime dont les cadres n'ont guère été modifiés depuis un siècle, car aucun des gouvernements qui se sont succédé depuis cent ans ne les a détruits, régime qu'on a pu caractériser d'un mot, en l'appelant le régime de la centralisation administrative.

Ce régime a donné à notre vie nationale une base extrêmement étroite. Ses lacunes, son insuffisance, ont apparu de mieux en mieux à mesure que s'est accentué dans le pays le courant démocratique longtemps comprimé, dont la première grande victoire fut l'établissement, en 1848, du suffrage universel.

La centralisation administrative a abouti à ce résultat qu'aujourd'hui sur onze millions de citoyens investis comme électeurs d'une parcelle de souveraineté, il y en a certainement plus de dix qui ne trouvent dans leur vie quotidienne aucun sujet de responsabilité civique, aucune occasion de s'initier aux affaires du pays. De tous les régimes politiques celui qui confie le pouvoir à la nation est pourtant celui qui exige des individus le plus de qualités intellectuelles et le plus de qualités morales. La condition la plus nécessaire pour le bon fonctionnement de ce régime, c'est la préparation des citoyens, au moyen d'une culture appropriée, à l'exercice de leurs droits et à l'accomplissement de leurs devoirs.

L'acte le plus important de la vie nationale dans

un régime démocratique et parlementaire, c'est le vote, et pour qu'un citoyen puisse voter convenablement, un minimum d'éducation civique est indispensable. Or, pour la majorité des Français, cette éducation civique est inexistante. Le pays est en réalité dirigé et dominé par une armée de fonctionnaires qui, tous, à des degrés divers, deviennent fatalement les complices du parti qui est au pouvoir, administrant au profit des uns et au détriment des autres, se souciant fort peu de l'intérêt général, et introduisant comme un poids prépondérant dans toutes les pesées de leurs balances les considérations souvent les plus mesquines de personnes et d'opinions.

Le fonctionnement du suffrage universel combiné avec la centralisation administrative qui enveloppe la vie nationale tout entière a amené les hommes des divers partis à vivre dans un éloignement systématique les uns des autres, à s'enfermer de plus en plus dans des questions d'intérêt personnel, souvent même à ne se connaître que par les injures et les diffamations dont ils se chargent. Il a rendu la cohésion des esprits et des cœurs presque impossible dans notre pays ; c'est grâce à lui qu'il y a aujourd'hui en France tant d'hommes honorables, sincèrement dévoués à leur pays, qui n'osent assumer aucune responsabilité, qui se dérobent le plus qu'ils peuvent à toute tâche un peu délicate et ne travaillent en aucune façon à l'œuvre du relèvement national.

J'ai eu plus d'une fois, pendant mes voyages, l'occasion de comparer la vie publique des pays où je séjournais avec notre vie publique française. Partout j'ai rencontré, plus qu'en France, le gouvernement du pays par le pays, partout j'ai constaté que les droits reconnus aux citoyens en matière d'administration locale ont contribué à assainir le pouvoir central, à rapprocher les classes, à faire l'éducation civique des habitants, à mieux préparer leurs votes.

Nous nous représentons l'Allemagne, par exemple, comme un pays soumis à un régime autoritaire. Le gouvernement y est au contraire exonéré de beaucoup de difficultés d'administration locale, et c'est ce qui lui confère pour la direction des grands intérêts généraux de l'Empire plus de hauteur de vues.

« Il importe essentiellement, écrivait le baron de Stein, le grand ministre qui organisa la Prusse au lendemain des batailles d'Iéna et d'Auerstædt, d'attirer l'attention du peuple sur les intérêts de la province et de la commune. Dès que vous lui aurez accordé une véritable participation à ses affaires, il se produira dans tous ses rangs les manifestations les plus bienfaisantes d'esprit public et de dévouement.

Mais si, au contraire, vous lui déniez cette participation, vous verrez surgir et se propager des mécontentements et des menées subersives, qui éclateront tôt ou tard et qu'il faudra réprimer par la force ; vous verrez les classes laborieuses et les classes moyennes n'aspirer qu'aux jouissanees matérielles, et les classes élevées dégénérer et se perdre dans l'oisiveté... La vie publique favorise beaucoup plus le développement national que l'instruction elle-même.»

Bismarck, le grand artisan de l'unité allemande, a plus d'une fois reconnu l'importance de la décentralisation administrative pour les sociétés qui veulent progresser. C'est grâce à elle, disait-il un jour, « que les petits centres ont contribué à développer dans toutes les régions de l'Allemagne une vitalité qu'on ne trouve plus dans les pays organisés sur le principe de la centralisation ».

Les Anglais doivent une partie de leurs qualités à leur attachement pour le *self-government*. Les hommes des différents partis ne se rencontrent pas seulement sur le terrain des discussions politiques ; ils sont aussi en contact fréquent pour l'exercice du pouvoir exécutif local, et dans ce commun dévouement au bien public ils apprennent à se connaître et à s'estimer.

« La bureaucratie et la centralisation administrative, écrivait naguère un publiciste anglais, ne peuvent donner à une nation les mœurs nécessaires au gouvernement parlementaire, elles engendrent la haine entre les partis et font naître des coalitions monstrueuses qui arrêtent la marche régulière des affaires. » « C'est par la pratique des affaires locales, disait déjà Stuart Mill, que j'ai acquis la connaissance des difficultés que fait naître la vie des corps sociaux et que j'ai compris la nécessité des compromis, comme aussi l'art de sacrifier aux parties essentielles d'un système celles qui ne le sont pas. »

Et aux Etats-Unis, si la démocratie est si vivante, dit de son côté Paul Bourget, c'est parce qu'elle « réunit toutes les volontés dans une immense harmonie et qu'elle est vraiment nationale ». L'éminent académicien n'hésite pas à déclarer que c'est la centralisation administrative « qui a tari les sources de la vitalité française ».

J'ajoute qu'elle favorise singulièrement aujourd'hui la recrudescence de ce courant de Jacobinisme, si bien décrit par Taine dans ses beaux travaux sur les *Origines de la France contemporaine*. Soutenus par des députés, que préoccupe assez peu l'intérêt supérieur du pays et qui sont élus pour des motifs exclusivement politiques, nos gouvernants en sont arrivés peu à peu à se montrer systématiquement hostiles aussi bien aux associations dont ils pourraient redouter l'indépendance, qu'aux libertés locales qui permettraient à un plus grand nombre d'hommes de participer à la vie publique et de modifier utilement l'esprit égaré de notre bon peuple de France.

⁂

Comprimée dans son développement par un régime de centralisation à outrance, mal orientée par les divers gouvernements qui se sont succédé en France depuis un demi-siècle, notre démocratie s'est-elle du moins mieux adaptée aux transformations économiques et sociales contemporaines? A ce point de vue encore il faut, hélas ! répondre négativement.

Je n'ai pas besoin d'insister sur les prodigieux changements matériels qu'a vu s'accomplir le siècle qui vient de s'achever. L'homme a utilisé d'une façon merveilleuse les forces de la nature ; il a inventé des machines de toutes sortes, il a accru la production, à un point tel que les statisticiens croient pouvoir affirmer qu'elle a au moins centuplé depuis 60 ans. Le développement des voies de communication et le perfectionnement des moyens de transport ont étendu le marché des produits jusqu'aux extrémités de la terre. Il n'y a pour ainsi dire plus qu'un marché, le *marché du monde*.

La concurrence a revêtu une intensité jusqu'alors inconnue. Et si les guerres, les grandes guerres, sont de plus en plus rares, on peut dire que l'humanité vit au milieu d'une bataille perpétuelle, bataille que n'interrompt aucun armistice et dont les péripéties chaque jour plus variées se déroulent sur toutes les mers, dans tous les ports, dans tous les comptoirs, dans toutes les usines de l'univers.

Cette guerre économique, elle est si générale qu'en dépit des barrières douanières aucun pays n'échappe à ses ravages Elle devient si terrible qu'en quelques mois une combinaison ou une tactique nouvelle peuvent détruire des traditions industrielles ou commerciales plusieurs fois séculaires (1).

La surabondance de produits mis à la disposition des hommes paraît tout d'abord avoir eu d'excellents résultats. Elle a correspondu certainement à un grand nombre de progrès dont on peut se réjouir.

Mais, le premier moment d'admiration passé, il faut reconnaître que les différentes classes sociales n'ont pas profité également de l'accroissement de richesse qui caractérise notre temps, et qu'elles n'ont pas toutes grandi en fonction les unes des autres.

Les statisticiens nous disent bien, et nous prouvent chiffres en mains, qu'il y a eu élévation notable des salaires ouvriers. Il n'en est pas moins certain que ce sont les humbles et les déshérités qui ont le

(1) V. mon dernier livre *La France et le marché du monde*, Paris, Larose, 1901.

moins profité des luttes économiques de notre temps.

D'abord dans cet essor inouï de la productivité, ceux qui avaient déjà des capitaux ont été forcément dans une situation meilleure. Le simple jeu de la loi de l'offre et de la demande leur a chaque jour valu de nouveaux avantages.

Mais il y a plus! Cette énorme production a été surtout obtenue à l'aide des machines. Admirables inventions que ces machines! Elles auraient dû surtout permettre d'économiser du travail, de laisser à l'ouvrier plus de loisir pour vivre un peu de la vie de famille, pour cultiver son esprit, orner son intelligence, détacher sa pensée des occupations mécaniques auxquelles il est comme rivé.

Il n'en a pas été ainsi. L'âpreté de la concurrence ne l'a pas permis. La machine qui aurait dû être le serviteur et l'auxiliaire de l'ouvrier en est devenue plutôt le maître.

On dit que l'ouvrier maudit la machine. Ce n'est pas exact. L'ouvrier au contraire reconnaît volontiers les services qu'elle rend au point de vue de la production, et il admire, quelquefois plus que l'inventeur lui-même, l'ingéniosité de certaines inventions. Mais il sent bien aussi qu'à mesure que l'industrie se développe, à mesure que les usines deviennent plus importantes et les machines plus compliquées, il est annihilé davantage par le rouage qui l'étreint. Il se sent chaque jour placé dans une dépendance plus étroite de la besogne qui lui a été assignée, de la machine dont il devient le serviteur et l'esclave. Il ne sait plus pour qui il travaille; il se sent comme un rouage minuscule, comme un accessoire du capital, comme une partie infime d'un mécanisme gigantesque dont il comprend mal le rôle dans nos sociétés contemporaines.

Et s'il est attaché à une de ces industries, et elles sont nombreuses aujourd'hui, qui fabriquent pour l'exportation, il se sent non plus seulement saisi par l'engrenage de l'usine, mais encore soumis à l'action de phénomènes économiques très complexes dont il ne peut ni prévoir, ni conjurer les effets. Et comme son intelligence s'est affinée, il sait aussi que, dans la plupart de ces usines, l'activité de ceux qui les dirigent ou les possèdent est dominée par l'idée de bénéfices à augmenter, par le désir de tirer de lui le plus de travail utile et productif que faire se pourra. Avant que Léon XIII l'eût dit en propres termes, il se sentait déjà « livré à la cupidité d'une concurrence effrénée ». Aujourd'hui, supposant les bénéfices du patron qui l'emploie plus considérables qu'ils ne le sont en réalité, il est prêt à maudire ceux qui « détournant le cours des richesses, en font affluer vers eux les sources ». Il déclare qu'il est las de se sentir enchaîné, sans espoir d'en sortir jamais, dans un cercle insipide d'opérations mécaniques, qu'il est las surtout de travailler indéfiniment à augmenter la somme des profits qui sont confisqués par un nombre restreint d'individus dont ils servent à accroître les jouissances, le confortable ou le bien-être.

Car il ouvre les yeux, cet homme, plus qu'on ne le suppose ordinairement. Il voit autour de lui, un luxe, un amour du plaisir, des appétits de toute sorte auxquels ne correspond, il le sait, qu'une somme minime de travail. Lui reprocherez-vous de trouver que les différentiations qui existent actuellement dans la société, ne sont pas suffisamment le fruit du mérite et de l'effort ?

Ces différentiations elles lui apparaissent comme essentiellement fondées sur la richesse. La richesse, il lui semble que c'est l'idéal à atteindre. N'est-ce pas la vie facile et le bien-être, n'est-ce pas le but principal de cette activité fiévreuse dont il a le spectacle sous les yeux ? N'est-ce pas le levier qui soulève aujourd'hui le monde ? C'est, en tout cas, la force magique qui fait apparaître à ses yeux cet idéal qu'il croit aisément réalisable : le bonheur.

Et pourtant si grand que soit le pouvoir de l'argent, la richesse ne lui apparaît pas comme une puissance sacrée devant laquelle il doit se courber.

La richesse est une fôrce qui n'a pour la conscience humaine, ni un caractère divin, ni une beauté idéale. C'est pour cela que l'ouvrier ne s'incline pas devant elle. Les scandales financiers et les spéculations honteuses, dont le retentissement est parvenu jusqu'à ses oreilles, ont achevé de discréditer à ses yeux les possesseurs de cette richesse si ardemment convoitée.

*
* *

Vous êtes-vous jamais demandé, Mesdames, quelles conséquences cet état d'esprit peut entraîner dans un pays soumis à un régime qui met la souveraineté aux mains de la multitude ? Le suffrage universel, il convient de le rappeler, fut jadis accueilli avec joie par les esprits les plus élevés, par Ozanam et par le P. Lacordaire, par Louis Veuillot et par le comte de Coux, par l'abbé Gerbet, l'abbé Cœur, l'abbé Maret. « Il était temps, écrivait en 1848, l'abbé Maignen, le futur archevêque de Tours, que cette Révolution se fit. C'est un progrès qu'il faut défendre..... C'est un des mouvements les plus honorables, les plus profonds que le monde ait encore vus. » Les catholiques entrèrent, d'ailleurs, en grand nombre à l'Assemblée constituante. Une quinzaine d'ecclésiastiques dont trois évêques et un moine y figurèrent parmi les représentants du peuple.

Mais la bourgeoisie française, dont le triomphe de la démocratie ne pouvait manquer de compromettre la situation, ne fit preuve alors ni de courage ni de perspicacité.

C'est pendant l'enfance, et pendant l'enfance seulement, que l'éducation de l'homme peut être bien faite. Si l'on attend qu'il soit devenu adulte, on aura beaucoup de peine à le bien élever.

Ce qui est vrai de l'homme est vrai de la démocratie. La période d'un demi-siècle qui s'est écoulée depuis que nous vivons sous le régime du suffrage universel peut être comparée à l'enfance de la démocratie.

Or, depuis un demi siècle, parmi ceux qui étaient en état de s'occuper de cette éducation, combien y en a-t-il qui s'en soient véritablement souciés ? Combien y en a-t-il qui aient compris que c'était le grand devoir, la grande nécessité des temps nouveaux ?

La bourgeoisie, disait un jour le P. Lacordaire, et il ne se croyait peut-être pas si bon prophète, a besoin de grandes leçons : Dieu les lui prépare.

Bon nombre de bourgeois, il est vrai, plus ou moins teintés de voltairianisme, se rapprochèrent alors de l'Eglise. L'Eglise leur apparut comme la puissance la plus capable de prêcher aux masses la docilité, la patience, la résignation. Mais ces bourgeois apeurés qui voyaient surtout dans la religion les services qu'elle peut rendre à la société, le peuple devait fatalement s'en défier. La politique intéressée que la bourgeoisie française depuis cette époque a continué à suivre est une des raisons qui expliquent l'impopularité du catholicisme dans notre pays.

Le devoir qui s'imposait alors aux classes dirigeantes, à celles qu'il convient plutôt d'appeler, comme le demandait le regretté Claudio Jannet, les classes responsables, c'était d'étudier les questions économiques et sociales qui se posaient avec tant de force, et de travailler à l'éducation du peuple.

Mais elles ne comprirent même pas comment la passion de l'égalité à outrance qui avait été le principal moteur de la Révolution de 1789 allait, sous le régime du suffrage universel, désagréger notre pays.

Elles ne virent pas que ce sentiment allait introduire dans notre vie nationale, comme le disait un jour le philosophe Friederich Nietzsche, « un virus mortel pour un régime qui séduit aisément les esprits médiocres, virus qui amenerait la décadence du pays regardé jusqu'alors comme le siège de la culture la plus intellectuelle et de la civilisation la plus raffinée de l'Europe. »

M. Thiers disait à la Chambre des députés, au moment où on installa les premières voies ferrées : « Pensez-vous, messieurs, que les chemins de fer remplaceront jamais les diligences. » Et l'assemblée tout entière de rire tant la supposition paraissait énorme.

La bourgeoisie française n'a pas fait preuve en matière sociale de plus de perspicacité qu'en matière économique. Séduite par la forme charmante dont Bastiat avait revêtu les doctrines optimistes de l'économie orthodoxe, elle tranquillisa sa conscience par quelques charités; on prétendit que si les ouvriers étaient malheureux c'était de leur faute ; on déclara que leurs récriminations étaient absurdes ; on affirma bien haut que le but de l'industrie c'était la production des richesses, en ajoutant que plus il y aurait de richesses, plus l'humanité serait heureuse.

Qu'elle a été lamentable l'erreur de ces hommes qui ont prétendu que la concurrence engendrerait, tout naturellement, non seulement le progrès matériel, mais encore le progrès moral ! Et quel démenti l'expérience ne donne-t-elle pas aux affirmations de ceux qui veulent identifier l'accroissement de la richesse avec le progrès de la civilisation, comme si le vrai moyen de développer la personne humaine était de multiplier indéfiniment les besoins et les moyens de les satisfaire !

Le progrès du socialisme qui envahit aujourd'hui sous des formes diverses l'esprit des ouvriers, s'explique en grande partie par une réaction contre cette erreur. Et c'est avec raison que M. Paul Deschanel disait naguère : « Le socialisme c'est l'économie classique retournée.» Le progrès social, en effet, n'est pas, il s'en faut, la conséquence forcée du progrès économique..

Au lieu de prêter l'oreille aux doléances de ceux qui se disaient les victimes d'une concurrence impitoyable, au lieu de chercher à leur donner des notions justes sur les transformations du monde, les adversaires du suffrage universel crurent faire assez que de se répandre en malédictions contre la poussée démocratique qui prenait le dessus dans notre pays. Contrariés de voir qu'elle obligeait forcément beaucoup d'entre eux à descendre des sommets de l'échelle sociale où ils étaient parvenus et à faire place à de nouveaux venus, ils résolurent de lutter et mirent toute leur activité au service de leurs intérêts. Il faut ajouter de leurs intérêts mal compris, car à défaut du sentiment du devoir celui de l'intérêt aurait dû les inspirer. Il n'était pas difficile cependant de voir que de tous les groupes sociaux, le groupe ouvrier était le plus nombreux et de pressentir qu'il ne pouvait manquer de devenir le plus fort. Il n'était pas difficile de comprendre que les prédications des socialistes montrant aux travailleurs que le suffrage universel est à leur discrétion, ne pouvaient manquer de troubler les têtes et de griser les cerveaux. On ne vit pas que l'ouvrier voulait un état de choses plus équitable, qu'il était prêt, faute d'avoir reçu l'éducation sociale qui aurait pu le mettre en garde contre les chimères, à accepter les thèses les plus subversives, comme le malade qui, las de souffrir, se jette dans les bras du premier charlatan venu. « C'est la bourgeoisie, écrivait naguère M. Jaurès, qui, par une admirable fatalité, a créé, en quelque sorte, les éléments révolutionnaires que le prolétariat doit utiliser à son profit. A nous socialistes de hâter le jour décisif de la justice... Comme le fantôme des légendes frappant à la porte dans la nuit pour annoncer les événements redoutables, nous entendons maintenant les appels répétés de la Révolution. »

Ces paroles ne font elles pas songer à la sinistre prophétie de Henri Heine, prétendant que la France verrait une nouvelle Révolution auprès de laquelle celle de 1789 apparaîtrait comme une simple idylle !

Il est encore permis d'espérer que ces prédictions ne se réaliseront pas. Nous pouvons encore par une action sociale démocratique, inspirée par le seul désir d'être utile, donner aux foules égarées l'esprit de sagesse dont elles semblent si éloignées aujourd'hui. Les classes dirigeantes ont fait preuve, en France, d'une myopie déplorable, en ne cherchant pas à régulariser l'ascension inévitable des classes populaires, en leur témoignant une défiance maladroite, en ne cherchant pas à mieux engrener avec le mécanisme social. Le peuple n'a reçu de direction que de ceux qui le flattaient ; comment eut-il pu dans ces conditions prendre les mœurs qui convenaient à la démocratie ? Si les fauteurs de désordres n'ont pas encore bouleversé davantage notre pays, c'est surtout parce qu'il y a en France un grand nombre de petits propriétaires qui ont servi en quelque sorte de contrepoids à la fermentation démagogique ; c'est aussi parce que beaucoup d'ouvriers ont reconnu qu'ils avaient été leurrés par leurs représentants une fois arrivés au pouvoir, ceux-ci ayant trouvé plus de profit personnel à maintenir l'ancien ordre de choses qu'à le supprimer. Les socialistes nantis, l'histoire contemporaine le prouve, deviennent volontiers conservateurs. Mais le répit dont nous jouissons encore ne durera pas toujours, le peuple est pressé, le socialisme niveleur fait des progrès continus, il faut montrer à quels dangers il expose la société, il faut travailler avec un courage à toute épreuve à l'éducation de la démocratie, et tirer parti des épreuves présentes pour mieux juger de l'étendue du mal et mieux comprendre les fautes qu'on a faites soi-même. « Il est de plus en plus nécessaire, dit Léon XIII, à cause de l'union naturelle du peuple avec les autres classes, union rendue plus étroite par la fraternité chrétienne, que celles-ci prennent part à l'œuvre de la réforme sociale. »

*
* *

La philosophie de l'histoire contemporaine se prête sans doute à des interprétations très diverses, mais nul ne peut nier que les transformations profondes sur lesquelles je viens d'attirer votre attention n'aient engendré une sorte de malaise dont quelques égoïstes sont seuls à ne pas s'apercevoir, malaise qui trouble vivement aujourd'hui toutes les classes de la société. Ce malaise c'est le centre de gravité de la question sociale. Ceux-là surtout le sentent davantage qui ont perdu la foi. Et c'est le cas malheureusement pour la plupart de nos ouvriers. Ils n'admettent plus les compensations dans un autre monde ; l'espoir d'être heureux un jour après une vie de travail et quelquefois de souffrances ne leur suffit plus, ils veulent leur part de jouissance et de bonheur ici-bas. Le spectacle des inventions modernes, et des satisfactions qu'elles procurent aux riches, a fait naître dans leur esprit une foule de désirs, légitimes dans une certaine mesure, mais qui sont hors de proportion avec les moyens qu'ils auront jamais de les satisfaire. Le peuple se croit plus malheureux qu'il ne l'est réellement. Il n'en souffre pas moins, et cela suffit pour qu'il faille s'intéresser à lui. Si quelques-unes de ses récriminations sont exagérées, il en est de très justes, et qui voudra se donner la peine d'étudier, sans parti pris, la condition des classes inférieures de la société, sera finalement convaincu « qu'elles sont, pour la plupart, comme l'a dit Léon XIII, dans une situation d'infortune et de misère imméritées ».

C'est le devoir de ceux qui sont dans une condition plus élevée de soulager ces misères. Pour accomplir ce devoir social, ils faut avant tout s'éclairer, par un travail patient et méthodique, sur les difficultés du problème, voir de quelle façon ceux qui doivent au hasard de la naissance, d'avoir plus de loisirs, plus de fortune, une vie plus facile, peuvent diminuer des inégalités regrettables et jeter un pont sur le fossé qui sépare aujourd'hui le riche du pauvre et de l'ouvrier. Ce pont ce n'est pas l'ouvrier qui peut le construire. L'initiative doit venir des classes dirigeantes.

Le Play a eu véritablement une idée de génie lorsqu'il a fait de la monographie des familles ouvrières la base de la science sociale. Un entretien avec un homme du peuple en apprend quelquefois plus qu'un traité d'économie politique rédigé par un savant qui a peut-être dépouillé beaucoup de statistiques mais n'a jamais vu de près la vie quotidienne des pauvres gens. Les familles ouvrières ! Le mot qui résume le mieux leur existence actuelle, c'est l'insécurité. Tous ceux qui les étudient avec soin éprouvent ce sentiment. Ce n'est pas seulement leur vie humble et besogneuse, saisie sur le vif, qui laisse une impression pénible ; c'est aussi la perspective des incertitudes d'avenir auxquels elles sont exposées, et des conséquences que peuvent avoir pour elles ces crises économiques dont le retour périodique est inévitable et dont leurs efforts sont impuissants à conjurer les effets.

Sans doute les ouvriers d'aujourd'hui ne sont pas tous intéressants. On respire à leur foyer des odeurs déplaisantes, on y subit des contacts désagréables ; ils sont souvent rudes et grossiers, malpropres et laids. Ils blasphèment et ont à la bouche des paroles de haine. Le vice a même parfois laissé sur leur visage son empreinte.

Est-ce une raison suffisante pour les traiter avec dédain ? Songeons que, dans beaucoup d'ateliers, ils sont traités comme des machines à produire du travail. Si nous avions passé par les mêmes épreuves qu'eux, nous ne les vaudrions peut-être pas. Allons chrétiennement à eux : on les trouve plus beaux en les aimant.

Oui, il faut aller à l'ouvrier, mais il faut le faire avec une intelligence aussi grande que possible de sa mentalité actuelle, mentalité qui nous choque et qui n'est pourtant que la conséquence de l'égoïsme dans lequel nous nous sommes depuis si longtemps complu.

Je vois de près bien des ouvriers, je cause volontiers avec eux de ces questions économiques et sociales pour lesquelles ils se passionnent et comme ils sont en général fort aigris, j'évite ce qui pourrait augmenter leurs rancœurs. Mais, lorsque je cherche à me rendre un compte exact de leur vie quotidienne, de leur dur labeur, de leurs inquiétudes, de leurs peines, et lorsque je compare cette pénible existence, à la vie élégante, facile, si peu remplie, dont j'ai quelquefois aussi le spectacle sous les yeux, je me dis qu'après tout la première vaut mieux que la seconde. J'excuse, pour mon compte, les malheureux de dire aujourd'hui avec quelque colère qu'il y a vraiment beaucoup de gens dont la situation sociale est hors de proportion avec leur travail et leur mérite !

Oui, il faut avoir le courage de le reconnaître, notre bonne société française s'est, depuis un demi siècle (pour ne pas remonter plus haut), composée, dans une trop large proportion, de gens auxquels leur intelligence, leur situation de fortune, leurs traditions de famille, eussent permis de jouer un tout autre rôle. L'histoire dira que la plupart ont été des gens mous et superficiels, qui sont parvenus un certain temps à faire illusion sur leur étroitesse d'idées, et leur pusillanimité, mais qui, au point de vue social et patriotique, méritent d'être jugés avec sévérité, car ils ont déserté le terrain de la lutte. Le nombre est minime de ceux qui ont cherché, dans un sentiment désintéressé, à collaborer à l'éducation de la démocratie et à défendre les classes populaires contre l'invasion des mauvaises doctrines. Si la France est aujourd'hui débordée par le flot des erreurs et des appétits déchaînés, ils en sont, dans une large mesure, responsables.

Et je ne parle pas seulement des oisifs, de ceux qui ne trouvent leur satisfaction que dans une vie fastueuse et vaine, que dans les plaisirs de l'ostentation, de la chasse, des courses ou des sports, de ceux que rien n'émeut en dehors de ce qui est leur intérêt personnel, et qui se mettraient à rire si on leur disait que la loi du travail s'impose chaque jour plus lourdement aux privilégiés. Je parle de ces gens honnêtes, ayant une conduite correcte et une très bonne tenue dans le monde, qui donnent à l'occasion une généreuse aumône, qui consentent même à s'interesser à quelques œuvres de bienfaisance, ou à quelques ventes de charité. N'allez pas leur demander, surtout s'ils ont beaucoup de loisirs, de consacrer quelques heures chaque semaine à étudier ces problèmes troublants dont j'ai essayé de vous mon trer la gravité. N'allez pas leur demander de scruter, avec la précision scientifique qu'elles comportent, ces questions économiques dont ils comprennent mal la complexité. N'allez pas surtout leur demander d'assumer une responsabilité quelconque. Ils trouveront toujours quelque prétexte pour se dérober.

Ils vous parleront des tracas qu'ils ont à supporter. Comme ils n'ont aucun moyen de comparer les tracas de leur vie avec ceux des gens situés plus bas dans l'échelle sociale, ils vous diront que les tracas sont le sort de l'humanité et ajouteront avec calme qu'il faut que les gens s'habituent à supporter ceux qui leur surviennent, quels qu'ils soient.

On est sans doute parvenu à remédier à quelques-unes des difficultés qu'ont fait naître les transformations sociales contemporaines en multipliant les œuvres de charité. Loin de moi la pensée de critiquer ces efforts. J'aime au contraire à redire avec Pascal : « Tous les corps et tous les esprits et toutes leurs productions ne valent point le moindre mouvement de charité. »

La charité, certes, fait de grandes choses dans notre pays. Mais n'y a-t-il pas beaucoup d'alliage dans les œuvres qu'elle a suscitées ? Ce qui suffirait à le prouver c'est que jamais elles n'ont été plus nombreuses qu'aujourd'hui et pourtant jamais l'esprit chrétien n'a été plus débile. Beaucoup d'œuvres de charité, excellentes théoriquement, ont été comme enveloppées d'une gangue d'habitudes et d'idées mesquines, de petites satisfactions de vanité que l'Eglise, elle-même, subit parfois avec peine, et qui les empêchent d'être, autant qu'il le faudrait, un principe de force qui galvanise les timides et secoue les endormis.

Il faut surtout reconnaître que la charité ne peut suffire. L'immense majorité de ceux qui constituent les masses ouvrières ne sont pas des miséreux. Ils demandent la justice bien plus que la charité, et ils ne seront satisfaits que quand ils l'auront obtenue. Ce qu'ils veulent c'est une reconnaissance plus complète de ce qu'ils croient être *leurs droits*.

Ceux-là seuls pourront les blâmer qui, jouissant superbement des bienfaits de la civilisation moderne ne comprennent pas les solidarités économiques qui constituent la trame de notre vie sociale, qui ne sentent pas pourquoi et comment chacun de nous ayant beaucoup reçu du milieu où il plonge ses racines, a, en venant au monde, une dette sacrée vis-à-vis de la société, et se doit lui-même en toute justice, à la vie commune dont il profite.

Les gens charitables se font d'ailleurs beaucoup d'illusions. Ils ne comprennent pas assez que la charité elle-même a évolué, ils ne comprennent pas assez qu'elle doit devenir une science. Il ne faut pas aujourd'hui qu'on y exerce une sorte de supériorité, pas plus qu'il ne faut se laisser aller à une sentimentalité aveugle. Il faut qu'on cherche par elle à remédier méthodiquement aux misères imméritées, et à guérir les misères méritées. Car on peut dire que sous la poussée démocratique les vieilles idées de justice et de charité se sont transposées et élargies. La justice n'est plus quelque chose de purement statique, comme le disait le vieux rationalisme individualiste. C'est quelque chose de dynamique, d'agissant, de stimulant, de socialisant. Et beaucoup d'actes que l'on considérait, et que quelques uns sont encore portés à considérer comme des actes de pure charité, sont requis en somme par une notion plus complète de cette justice parfaite, qui, selon le mot de Leibnitz, s'identifie avec la charité du sage.

Dans cette œuvre de rapprochement des classes, difficile, mais si nécessaire pour le renouvellement de la vie sociale contemporaine, vous pouvez, Mesdames, jouer un rôle considérable.

Au milieu du désarroi croissant de notre société où s'enchevêtrent, à travers bien des préjugés, de véritables douleurs, vous comprendrez mieux que les hommes, la plainte grandissante des déshérités et la nécessité des inévitables réparations. Vous sentirez aussi d'un cœur plus ému cet appétit de justice qui travaille confusément le siècle qui commence.

Beaucoup d'entre vous sont certainement disposées à renoncer à cette recherche stérilisante de la vie facile et du bien-être, pour aider ceux et celles qui déjà travaillent efficacement à combattre le mal et à diminuer la souffrance, à désarmer les rancunes et à adoucir l'amertume de certaines inégalités.

Je sais que vous donnez généreusement à beaucoup de quêtes. Faites mieux encore. Il ne suffit plus d'aller au peuple les mains pleines. Le devoir social consiste à se dépenser soi-même, à se dévouer, à servir. C'est une tâche dans laquelle la délicatesse féminine doit exceller. Quelques mots tombés de vos lèvres peuvent dissiper bien des préventions. Mieux que nous autres hommes, vous pouvez consoler et guérir, recevoir certaines confidences, faire pénétrer dans des vies désolées un rayon de soleil.

Soyez les messagères de la paix sociale dans notre France si divisée. Efforcez-vous d'alléger les peines d'autrui avec le zèle intelligent que vous mettez à prévoir et à diminuer les vôtres. Avant de prétendre que les ouvriers sont incorrigibles, essayez de leur inculquer des sentiments meilleurs.

L'œuvre de réparation à laquelle vous êtes conviées sera surtout féconde si, en prodiguant votre temps, votre activité, votre intelligence et votre cœur, vous vous persuadez que vous ne faites pas une chose extraordinaire, mais que vous accomplissez simplement votre devoir.

Ce n'est pas au bout de quelques jours, ni même de quelques mois, que la moisson sera mure. Armez-vous d'une indéfectible persévérance. Il en sera de votre dévouement à l'égard des ouvriers comme du verre d'eau donné au pauvre et que Dieu recueille. L'avenir en profitera alors même que le présent ne se modifierait pas. Et s'il ne vous est pas donné de recueillir ici-bas la récompense de vos efforts, vous aurez la satisfaction d'avoir rempli votre devoir, d'avoir généreusement travaillé pour le triomphe de la justice sociale et pour le salut de la France.

Georges BLONDEL.

LE SOCIALISME & SON ÉVOLUTION

Quand de nos jours on parle du socialisme — et Dieu sait si, de nos jours, on parle du socialisme — c'est le plus souvent pour proclamer qu'il y a une sorte de maladie née avec notre temps, et se demander si nos générations en garderont le redoutable privilège.

Or, en réalité, il en est tout autrement. L'idée socialiste est vieille presque comme l'humanité, et quand on veut, non pas se contenter contre elle de quelques faciles anathèmes, mais essayer d'en prendre une conscience informée, c'est à l'histoire tout d'abord qu'il convient de demander ses lumières.

Cette histoire du socialisme, je ne peux songer, dans une réunion comme celle-ci, à vous la retracer que dans ses grandes lignes. Aussi est-ce d'un mot que je vous rappellerai comment au temps de la Grèce antique le socialisme était partout, à la fois dans les agitations de la place publique et dans la pensée des philosophes. Pendant que les riches étaient obligés, sous forme de mille impôts divers, chaque jour mieux progressifs, de payer la rançon même de leur richesse, Platon rêvait d'un idéal où la propriété serait chose si odieuse que les liens de la famille euxmêmes paraîtraient encore comporter trop d'appropriation au détriment de la communauté seule maîtresse des personnes comme des choses.

Rome, il est vrai, fut moins socialiste, ayant pour cela été de tout temps trop militaire et étant vite devenue trop impériale au sens moderne du mot. Quand une ville a un monde à ronger, il est par trop facile d'y contenter la plèbe avec des dépouilles de vaincus. L'idée de justice absolue ne risque pas d'ailleurs d'y compromettre des hiérarchies sociales, ne devant guère apparaître dans une humanité de vainqueurs que comme l'appel déshonorant des esclaves à la pitié du maître.

Et cependant, à Rome même, le christianisme devait apporter quelque chose de la pensée socialiste. Ce n'est pas, comme on l'a dit souvent, en raison du prétendu communisme de ses premiers fidèles, mais bien plutôt par le fait, vers le IIIe et le IVe siècle, d'âpretés violentes contre les abus de la richesse et des dangers où elle peut mettre les âmes. Il est, en ce sens, tels anathèmes de saint Jean Chrysostôme dont la vigueur le cède à peine, à ce que seront plus tard, dans l'excessive Italie du XVIe siècle, les déclamations passionnées d'un moine de révolte comme Savonarole.

Mais ce ne pouvait être là que l'écume en haut de la lame ; et quand saint Thomas d'Aquin apportera au monde catholique sa définitive sociologie, au premier rang des institutions respectables, ne fut-ce que par leur inéluctable nécessité, il mettra la propriété privée. Mais c'est à condition que ses privilégiés sauront se garder de l'usure, de l'affreux péché d'argent qui apparaît partout où, sans crainte de l'injustice, tend à prédominer la brutalité de la force économique.

Il est par trop évident, d'ailleurs, que le Moyen-Age n'était pas pour le développement du socialisme un temps favorable ; et nous pouvons très vite venir à la Renaissance. Par là même qu'elle pastichait l'antiquité, plaquant son art païen, sur les murs des cathédrales gothiques, la pensée de Platon sur celle de saint Thomas, elle devait retrouver les préoccupations socialistes de la Grèce. Mais nées d'une mode littéraire, elles furent superficielles à l'excès ; et restèrent le jeu d'esprit d'une élite se plaisant aux formes platoniciennes bien plus qu'elle n'était secouée par les grandes colères contre l'iniquité sociale. Ce fut alors, en effet, toute la série des Atlantides ; les Atlantides étant les iles perdues au sein des océans encore inconnus, et que des rêveurs charmants peuplaient de justice et d'égalité.

De toutes les plus connues sont l' « Utopie » de Morus et la « Cité du Soleil » de Campanella.

Morus n'était pas des deshérités de ce monde, puisqu'il n'avait rien moins que la charge de chancelier du royaume d'Angleterre. Il fut, d'ailleurs, homme de caractère, ayant porté sa tête sur l'échafaud plutôt que de régulariser, par son autorité de magistrat, un des plus regrettables divorces de son roi Henri VIII. Dans ses sentiments de justice, il avait été profondément froissé, par certaines pratiques de l'aristocratie terrienne de son temps et de son pays ; et c'est surtout pour prendre la défense des pauvres laboureurs chassés de leurs exploitations anciennes par la dureté des seigneurs, pour les protéger contre « les moutons devenus carnivores » qu'il avait écrit l'Utopie. Le rêve de communisme n'y est qu'une sorte d'ornement à la grecque, qui ne change pas le fonds du style de l'œuvre, et le chancelier d'Angleterre eut été singulièrement surpris dans son ivresse platonicienne, s'il avait pu prévoir qu'il serait un jour l'ancêtre quelquefois invoqué comme le précurseur de doctrines. dont l'atticisme et la sérénité hautement philosophiques ne sont pas toujours les marques les plus certaines.

Campanella, lui, était un simple moine, que des démêlés avec la monarchie espagnole avait relégué, pour des années, dans une geôle napolitaine. De là, sa « Cité du Soleil ». Le prisonnier y rêve de lumière, et le pauvre religieux de richesses. Il entrevoit une société, où les plus inouies seront le lot de chacun et, dans sa simplicité économique, ne se demande pas seulement par quel miracle de production, elles seront à la disposition des hommes de sa cité. Il va même jusqu'à nous affirmer, qu'il suffira, pour les acquérir à la communauté, de quelques heures de travail facilement consenties par chacun.

On ne peut cependant pas quand on parle du XVIe siècle, mentionner seulement la littérature élégante des Atlantides. Encore faut-il rappeler, d'un mot tout au moins, que bien loin des imitateurs de Platon, une humanité exaspérée y leva sur tant de points différents un drapeau de révolte sociale ; et c'est en Allemagne surtout, la guerre des paysans, les révoltes des anabaptistes, le prophète Jean de Leyde et les folies de Münster.

Le XVIIe siècle devait ramener toutes choses à un ordre meilleur. L'humanité ne parut jamais plus rassurée sur ses principes directeurs. C'est l'époque, ou, comme le dit Verlaine, au temps de sa « sagesse ».

> .... Maintenon jetait sur la France ravie
> L'ombre douce et la paix de ses coiffes de lin.
> . . . .

.... ou poète et docteur, simplement, bonnement,
Communiaient avec des ferveurs de novices,
Humbles servaient la messe et chantaient aux offices,
Et, le printemps venu, prenaient un soin charmant
D'aller, dans les auteuils cueillir lilas et roses
En louant Dieu, comme garo, de toutes choses.

Qui donc alors pouvait songer aux grands cris de révolte ? Et cependant en ces heures de sérénité, tant est remontante la plante socialiste, nous trouvons tout au moins une œuvre, qui a le souffle des passions destructrices. C'est le testament de Meslier. De son vivant, obscur curé de village, Meslier s'était fait remarquer seulement par quelques démêlés avec le seigneur de sa paroisse. A sa mort, il nous laisse un livre de violente anarchie, comparable de très près aux écrits d'un Kropotkine ou d'un Jean Grave. Nous sommes loin avec lui de l'élégance platonicienne d'un Morus ou d'un Campanella. Meslier, a dit Voltaire, écrivait comme un cheval de carrosse. C'est peut-être là, cependant, plutôt que dans des œuvres plus connues, qu'il conviendrait de chercher l'origine de notre pensée communiste, tout au moins sous sa forme libertaire.

Avec le XVIIIe siècle, ce n'est pas seulement en des livres prudemment posthumes que va s'étaler le socialisme. Comme au temps de la Grèce, il revient dans toutes les préoccupations. Des Morelly ou des

Mably lui consacrent des œuvres entières, et le moins que puisse faire un Rousseau, qui n'a pas le loisir de s'attarder aux critiques économiques, c'est de déclamer, en des termes que je n'aurai pas l'impertinence de vous rappeler, contre le premier qui commit le crime d'être propriétaire.

Est-à-dire que la Révolution fut elle-même socialiste, comme tant de doctrines du siècle qui l'engendrait ?

Grosse question, à propos de laquelle on s'est jeté déjà bien des livres à la tête. Je ne voudrais pas avoir l'audace d'essayer de la résoudre en quelques mots lancés au cours d'une trop rapide revue comme celle-ci. Et cependant une impression se peut dégager de tant de querelles scientifiques. Elle est pour conduire à une différence entre les temps. Sans doute la bourgeoisie de 1889, solidement rentée déjà et toute prête à recueillir le bénéfice de fructueuses opérations contre l'ancienne aristocratie, ne pouvait relire qu'avec mélancolie les anathèmes de Rousseau contre la propriété. Le peuple de 1893 n'avait pas les mêmes raisons de modération, et s'il ne fut vraiment communiste que dans une sorte de doctrine posthume qui est le Babouvisme, il fut déjà singulièrement menaçant dans sa défiance envers toutes les formes de la richesse ; et ce qui manqua alors pour qu'un néo-socialisme sorte de la passion d'égalité outre un grand prolétariat industriel, ce fut peut-être seulement une formule heureuse. Ni les Atlantides, ni le socialisme pastoral du XVIIIe siècle ne la pouvaient donner ; et elle ne devait jaillir que bien plus tard du choc de faits encore à venir.

Avec le XIXe siècle, la longue tradition est bientôt renouée. A prendre la France seulement, c'est presque dès les loisirs de la paix, à la fois Saint-Simon et Fourier. Bien que leurs noms semblent si souvent s'appeler l'un l'autre, ils furent en réalité profondément différents. L'un, Saint-Simon, grand seigneur, neveu du duc fameux, descendant, pensait-il, de Charlemagne lui-même. L'autre, Fourier, simple courtaud de boutique. Et comme ils étaient différemment nés, ils furent autrement révolutionnaires. L'un, le grand seigneur est sans sévérités pour les hiérarchies sociales. Il ne rêve pas de les supprimer, et il entend au contraire en faire le cadre des sociétés nouvelles. Elles doivent seulement les transposer en un mode nouveau — dorénavant industrielles au lieu de militaires. Quant aux peuples, derrière les chefs destinés à les conduire aux victoires nouvelles de la science et de la richesse, ils se devront contenter d'être des coopérateurs obéissants du grand œuvre, largement payés du reste en bien être matériel sur le butin des triomphes industriels.

Fourier, lui, a mieux senti le poids des grandes

puissances sociales. Il n'a pas le sang d'un conducteur de peuples et une humanité, lui semble désirable, qui serait libre en même temps que riche. Aussi avec une admirable tenacité d'esprit essaiera-t-il l'alliance de ces deux contraires qui sont l'extrême socialisme et l'extrême libéralisme.

Le phalanstère sera la ruche travailleuse sans être l'odieuse usine. Chacun y devra travailler mais aimera son effort. C'est la passion qui restera le levier du monde nouveau, mais elle ne saurait être que la passion du travail dans des ateliers où le labeur se mélangera d' « intrigue industrielle » ou la « papillonne » permettra à chacun de se délasser des jeux puissants de la forge dans la douce culture des roses.

Ainsi, jusqu'au seuil de notre temps, c'est à travers une longue histoire, l'idéal socialiste toujours sans réalisation et toujours sans désespérance. Sans doute il n'est pas toujours pareil à lui-même et il se déforme au gré de la mode littéraire ou du snobisme philosophique. Mais derrière tant d'apparentes variations, ce qu'il y a à retenir surtout c'est une permanence. On a beaucoup, dans notre temps, parlé des idées-forces, de ces idées qui, au dessus des contingences, de ce qu'on appelle l'action pour éviter quelque fois le mot facheux d'agitation, mènent le monde comme les dieux de l'Olympe dirigeaient le sort des combats homériques, inaperçus et tout puissants.

Mais peut-être au-dessus de ces idées telles qu'elles sortent du cerveau des hommes, toutes armées pour la lutte et magnifiées par la pureté du style ou la véhémence de la parole, mais affaiblies déjà comme par le fait d'être, y a-t-il quelque chose encore, quelque chose qui serait de l'inconscient des peuples et à l'origine cependant de leurs plus grands remous? Et à se rappeler l'histoire des variations si souvent raillées du vieux socialisme — peut-être convient-il de se demander s'il n'a pas été, s'il n'est pas encore comme ces « sentiments force » qui sont peut-être plus redoutables ou plus féconds que les idées elles-mêmes?

Mais j'ai hâte d'en venir à quelque chose de plus ferme; aux formules, plus exactement à la formule de notre temps, car à vrai dire il n'en est qu'une qui résume tout notre socialisme contemporain. C'est celle qui fut apportée au monde prolétaire par Karl Marx.

Sans doute le collectivisme ne règne pas en maître chez tous les socialistes, et à côté de la grande église il y a des chapelles. Mais les doctrines socialistes hétérodoxes du marxisme n'en sont guère que des morcellements, et presque toutes peuvent venir en somme s'intégrer en lui.

Me voici donc conduit à vous parler du marxisme, tâche singulièrement ingrate dans une réunion comme celle-ci.

Dans ce livre d'âpreté qu'est *Le Bachelier*, Vallès raconte quelque part comment quelques-uns de ses amis et lui avaient coutume aux environs du 2 décembre 1851, et de « son opération de police un peu rude », de se réunir certains soirs pour aviser au salut de la République. La conspiration se tenait chez un camarade dont la réception était simple à ce point qu'il n'y avait pas de sucre pour chaque tasse de café ; et cependant parmi les habitués du cénacle il en était un particulièrement silencieux et grave dont toujours le café était sucré d'une main déférente par le maître de la maison. Vallès, dont l'âme n'était pas d'abnégation, s'indigna un jour de cet inexplicable privilège ; mais d'un mot on lui ferma la bouche. L'homme était « *celui* » qui avait lu Proudhon.

De notre temps parmi tant d'appels au marxisme et d'anathèmes contre lui, il est plus d'un cénacle à prétentions scientifiques où « celui qui a lu Marx » aurait droit lui aussi à quelque respect.

C'est pour ma part avec ménagement, que je jouerai auprès de vous le rôle périlleux d'un tel personnage — et du marxisme je ne vous dirai que des simplicités approximatives en le résumant en une triple proposition.

Le marxisme, c'est la conception de la lutte des classes dans le matérialisme historique.

Le marxisme c'est l'idée du vol patronal.

Le marxisme c'est la foi en la concentration des fortunes.

C'est d'abord l'idée de la lutte des classes et le matérialisme historisque c'est-à-dire une conception nouvelle de l'histoire tout entière. A en croire Marx, l'humanité pendant des siècles n'aurait pas été consciente de sa propre vie. Elle se serait crue secouée par des passions de toutes sortes, haines ou joies de races, de religion ou de politique, alors que, dans toute son action, elle aurait sans cesse, aiguillonée par la nécessité de vivre, marché à un but unique, la conquête du pain ; ayant toujours été trop pauvre pour avoir, malgré les apparences, un autre souci que celui de sa misère qui fatalement a toujours conduit aux mêmes batailles autour de la richesse, mettant aux prises ses privilégiés et ses déshérités, la classe des non possédants contre celle des possédants.

Dans l'exposé si rapide que je vous apporte ici, j'évite avec un soin tout spécial, — vous pouvez déjà m'en rendre témoignage, — de m'attarder aux facilités de la critique ; mais d'un mot cependant je voudrais, au point où nous sommes, m'arrêter un instant pour vous signaler tout ce qu'il y a de profondément désespérant dans le dogme marxiste du matérialisme historique et de la lutte des classes. D'abord c'est une loi de guerre. Elle interdit au monde les grands espoirs de pacification, et puis c'est une loi de guerre sans idéal, où la bataille garde ses horreurs en perdant ses beautés de sacrifice, et je ne sais rien de pire pour tous ceux qui, sous une forme quelle qu'elle soit, ont souffert pour une grande cause que leur contester ainsi jusqu'à l'existence de leur idéal dans leur propre conscience, et que les représenter à eux-mêmes comme les jouets inconscients d'un sorte de mirage, et les défenseurs réels de l'égoïsme des classes, quand ils espéraient être les soutiens d'une grande idée morale.

Le marxisme c'est aussi l'idée du vol patronal, et, ici la théorie prend des aspects de précision presque mécanique. Les ouvriers, nous dira Marx en substance, sont, dans les sociétés capitalistes, courbés sous la dureté de la loi d'airain. Poussés par leur désir de richesse sans cesse plus grande; quand ils voudraient être humains, par les besoins même de la concurrence, les entrepreneurs réduisent nécessairement les salaires autant qu'il est en leur pouvoir. Or comme les bras qui s'offrent au labeur sont toujours trop nombreux pour le travail à leur fournir, comme il y a une « armée de réserve des ouvriers » vouée au chômage involontaire, et prête à prendre les places qui seront abandonnées par d'autres, le salarié est dans la main puissante de celui qui l'emploie obligé toujours d'accepter ses conditions, pourvu qu'elles lui donnent le minimum au-dessous duquel il n'y a plus d'existence possible où c'est la mortelle misère. Or pendant qu'il en est ainsi d'un côté, de l'autre, par le fait même des progrès de la technique, la production devient toujours quelque chose de plus facile. Le même ouvrier qui travaillait sans machine il y a cent ans, grâce au métier perfectionné d'aujourd'hui produira dans sa journée des valeurs infiniment plus grandes. Entre ces valeurs sans cesse croissantes, dont profite l'entrepreneur et la rémunération invariable du travail, l'écart va sans cesse grandissant, et cet écart ce n'est autre chose que le vol patronal, plus formidable toujours par le fait même du progrès, dont le développement se retourne ainsi contre les masses, qui en devraient être, sous un régime de justice, les premières bénéficiaires.

Le marxisme enfin, c'est l'idée de la concentration de la richesse, de la fortune attirée par la fortune, de l'abîme, par conséquent, se creusant sans cesse plus profond entre la masse des prolétaires où viendront se perdre les classes moyennes dépossédées par le jeu des forces capitalistes, et le nombre diminué de quelques privilégiés dont les fortunes par leur immensité même deviendront chaque jour plus injustifiables.

Ainsi constitué, et, d'ailleurs, à ses débuts, tout au moins, très prudent quand il s'agissait d'élaborer un plan d'avenir dont l'utopie eut été pour déparer la rigueur de la doctrine, le marxisme portait en lui-même les causes inéluctables de son prodigieux succès auprès des masses ouvrières, et cela pour bien des raisons. Il en est de presque futiles. Il en est de profondes.

D'abord, non seulement par la réalité de ses origines, mais par le mélange de métaphysique brumeuse et de matérialisme un peu naïvement jouisseur qui le constitue, le marxisme, en effet, est une doctrine essentiellement allemande ; et cette doctrine venait en un temps où tout ce qui était allemand allait apparaître au monde auréolé par le prestige de la victoire. C'est une des pires tristesses de la défaite qu'un peuple y risque de perdre par défiance en lui-même et par admiration pour la force du vainqueur, quelque chose même de son génie national, la moitié de son âme, disait le vieux Platon en parlant de ces irrémédiables vaincus qui étaient les esclaves.

Puis, par ailleurs, à notre époque de snobisme scientifique, plus que toute autre doctrine socialiste, le marxisme sacrifie à « la nouvelle idole » ; et c'est dans les rites qu'elle semble préférer, ceux de l'évolution. Aussi, est-il admirable de voir avec quel dédain superbe les disciples de Marx, en possession, de par le maître, de l'intégrale sagesse, ont parlé des devanciers utopiques qui furent Platon, Morus, Campanella, Saint-Simon et Fourier et tant d'autres encore. Il est permis de croire que ces sévérités comportent quelques exagérations. Parmi ces ancêtres tant dédaignés, il y eut de grands artistes, des penseurs originaux. Tous ils avaient un idéal de haute justice. Est-il donc si contraire aux règles de la méthode de l'avoir aimée, sans avoir bien mesuré toutes les forces de haine, que peut mettre entre les classes la différence de leur sort matériel?

Puis encore le marxisme — dans les formes tout au moins que lui a données le créateur de la doctrine — est quelque chose de profondément obscur. Chacun peut y trouver un reflet de sa propre vision. Et, il ne peut guère y avoir pour l'humanité, que deux sortes d'évangiles : ceux qui sont simples jusqu'à l'attendrissement et ceux qui sont sybillins jusqu'au respect.

Puis, par dessus toutes ces choses, le marxisme était une doctrine non plus de lointain idéalisme, mais de pratique prochaine, d'âpre revendication alors que la constitution de notre nouveau monde industriel, par le fait des choses, et il faut bien le dire aussi souvent par le fait des hommes. conduisait à la bataille bien plutôt qu'à l'idéologie. — Et dès lors, quelle admirable force qu'une théorie représentant à des masses désireuses du soulèvement vers le bien-être, leurs aspirations de violences comme une sorte de fatalité historique, les montrant à elles-mêmes dans le déchaînement de leurs instincts, comme les agents nécessaires de la science impassible !

Et cependant, il n'est pas exagéré de dire que le marxisme a vécu. En Allemagne comme en France, il n'est guère question que de sa « décomposition ». Et quelques disciples encore fidèles, contemplant le flot qui s'éloigne ont seulement pour consolation les amertumes stériles contre tant de défections.

C'est que si la doctrine de Marx était destinée au prestigieux succès, elle portait aussi en elle ses germes de décadence.

Dabord, Marx et Engel, avaient commis une faute dont doivent, avec un soin tout particulier, s'abstenir les prophètes de la sociologie. Ils avaient fixé des dates aux réalisations de leur programme et encore avaient-ils eu l'imprudence de les donner singulièrement rapprochées.

C'est qu'ensuite, sans même parler de précision dans le temps, la courbe des faits ne semble pas s'orienter comme ils l'avaient prévu, et rien n'est moins justifié par la fin du XIXe siècle que cette fameuse loi de concentration qui devait déposséder toutes les classes moyennes au profit du nombre sans cesse plus restreint des grands privilégiés du capitalisme.

C'est qu'enfin après Marx, des hommes d'imagination compromettante n'ont pas su, comme lui, s'abstenir de nous décrire les joies des paradis collectivistes. Parmi ces descriptions il en est de célèbres et vous connaissez tous ce livre de Bellammy dont la fortune fut éclatante, puisqu'il est, grâce à son succès dans le monde anglo-saxon, des ouvrages imprimés, celui qui a été tiré au plus grand nombre d'exemplaires.

Ce n'est pas cependant que la cite de Bellamy soit particulièrement tentante ; sans doute la misère avec ses souffrances et ses tares sans nombre en est exclue ! mais c'est au prix d'une sorte de servitude d'état que l'auteur n'hésite pas à qualifier d'une façon tout à fait inquiétante quand il nous parle, en comparaison avec le service militaire, d'un service industriel de vingt années pendant lesquelles l'individu. sans indépendance aucune, devrait tout son temps et toute son obéissance à la chose publique industrielle. Il est vrai qu'après ce sacrifice ce sera l'asile confortable d'une retraite assez douce. Le malheur est qu'on y sera condamné. Comme dans la première partie de sa vie on n'était maître ni de la direction ni de la mesure de son travail, dans la seconde on devra à la cité de donner le spectacle de son oisiveté quelque peu rentée. Ce sera le repos d'Etat après le travail d'Etat, à y regarder de très près, une servitude négative après une servitude positive.

Aussi ne faut-il pas s'étonner que nos plus grands socialistes soient las de la tyrannie marxiste, quelques-uns d'ailleurs choqués, — il faut bien le dire, dans la hauteur de leurs aspirations par ce qu'elle a d'exclusivement matérialiste et de trop douloureusement violent. — En France tout spécialement, dans la toute récente littérature du parti socialiste quand on écrit sur le marxisme, c'est le plus souvent avec ces formules de respect un peu lointain qu'obtiennent les orthodoxies vieillissantes, c'est déjà quelquefois, pour le couvrir de ces fleurs qui conviennent bien aux tombes encore fraîches.

Et l'horizon s'ouvre ainsi devant des formes nouvelles de la pensée socialiste où dégagée des métaphysiques par trop limitatives elle redeviendra sous la « forme de socialisme sans doctrine » la grande force quelque peu inconsciente dont je vous parlais il y a un instant.

Faut-il nous en affliger ou nous en réjouir? c'est le secret redoutable du prochain avenir.

Laissez moi vous dire en terminant que si de cet avenir nous ne sommes pas sans doute, — nous, ceux des classes privilégiées — maîtres sans contestation, nous devons tout au moins avoir la prétention d'être pour quelque chose dans son devenir. Les sociétés ne se transforment pas sous l'empire de forces seulement aveugles. Il nous appartient à tous, il vous appartient, Mesdames, dans ce monde où on parle beaucoup de vos droits et où personne ne vous conteste vos devoirs, d'être pour quelque chose dans les heures de demain.

Il faudra pour cela ne pas vous contenter, quand sous l'inspiration d'une femme de grand cœur vous voulez aller directement au peuple, de lui prêcher les résignations à des souffrances que vous n'endurez pas. Il faudra, en dehors même des magnifiques consolations de la foi, lui parler d'un avenir radieux dans l'ordre des choses humaines. Il faudra lui dire que sans doute il y aura toujours des pauvres parmi nous, mais que des jours viendront où ces pauvres auront des richesses qu'auraient enviées les riches d'autrefois. Il faudra dire aussi que ces temps ne se sauraient préparer par la lutte stérile des classes, mais bien plutôt par un effort coordonné et conscient de sa discipline, vers plus de paix sociale et moins d'égoïsme de classe.

Et si l'avenir après tout ne doit pas réaliser ces

grandes espérances, si c'est pendant des siècles encore la « loi de Caïn » qui doit continuer à régir le monde, vous penserez qu'il y a de généreuses erreurs préférables à des vérités, et qu'après tout vous aurez été dans votre rôle de femmes, puisque vous aurez dit des paroles de douceur et, dans votre rôle de chrétiennes puisque vous vous serez ingéniées à des formes nouvelles et infiniment délicates de la charité.

SOUCHON.

L'ORGANISATION PROFESSIONNELLE

MESDAMES,

Socrate lut un jour, inscrite au fronton du temple de Delphes, cette maxime qui lui parut belle et qui devint, à compter de ce jour, la devise de sa vie: « *Connais toi toi-même !* » C'est qu'en effet il n'est pas d'étude plus nécessaire, mais aussi plus délicate que celle-ci: apprendre à se connaître. Une illusion qui naît en nous avec la vie, nous porte à croire que nous avons une conscience parfaitement nette de ce que nous sommes, de ce que nous pouvons, de ce que nous valons, alors qu'en réalité nous ignorons à peu près tout de nous mêmes, alors que nous ne soupçonnons même pas, par exemple, à quel point notre intelligence, notre sensibilité, notre volonté, toutes ces facultés dont nous sommes si fiers sont tributaires des êtres et des choses qui nous ont précédé dans la vie ou au milieu desquels nous sommes appelés à nous mouvoir; tributaires tout d'abord de nos lointains aïeux, si bien qu'on a pu le dire avec justice, par notre bouche ce sont souvent *les morts qui parlent*; tributaires plus encore de tous ceux qui nous entourent, de tous nos compatriotes et même de tous nos contemporains.

S'il m'est permis, Mesdames, afin de mieux préciser ma pensée, d'avoir recours à une image, je dirai que l'homme est placé au centre d'une immense circonférence dans laquelle sont inscrits plusieurs autres cercles concentriques d'inégale grandeur, mais dont chacun exerce sur lui son attraction.

Le plus vaste de ces cercles, celui qui comprend tous les autres, mais aussi celui dont l'attraction est la plus faible, parce qu'il agit de plus loin que les autres sur l'individu, c'est l'humanité. Il existe entre tous les hommes quelque soient leur langue, leur religion et leur patrie, un lien initial et comme le sentiment d'une commune origine. Un navire rencontre-t-il par une mer démontée un autre navire désemparé et à demi démoli par l'assaut des vagues, le capitaine ne s'inquiétera ni de la nationalité, peut être ennemie, du bâtiment en perdition, ni de sa provenance ou de sa destination, ni de la cargaison qu'il porte. En présence d'une catastrophe imminente, il ne verra que des hommes à sauver, qu'un grand devoir social à remplir et ce devoir, ses hommes et lui-même s'y dévoueront tout entier au péril même de leur vie.

Mais si, dans certains jours, la voix de l'humanité parle en nous assez fort pour étouffer toutes les autres, il n'en est pas moins vrai que nous ne professons pas pour tous les hommes le même amour ni la même sollicitude. Parmi les hommes, il en est qui parlent notre langue, celle qu'enfants nous avons appris à bégayer et que nous appelons d'un si doux nom la langue maternelle ; il en est qui s'expriment en des idiomes étrangers. Il en est qui prient le même Dieu que nous, en qui palpitent les mêmes espérances immortelles ; il en est qui professent des religions différentes. Parmi ceux là même, dont nous rapproche la communauté de la race et de la religion, il en est encore que nous aimons davantage parce que, nous nous sentons plus près d'eux, parce que plus que les autres, ils ont vécu d'une vie semblable à la nôtre, parce que, plus que les autres ils nous ressemblent, parce que, plus que les autres ils sont nos compatriotes et nos frères. « J'aime ma province plus que ta province, j'aime mon village plus que ton village » a dit le grand poète de la Provence Mistral, — et le dernier terme dans cet ordre naturel de nos dilections ou, si l'on veut, de nos préférences, *le dernier cercle*, s'il m'est permis de reprendre ma comparaison de tout à l'heure, c'est la maison qui abrite les êtres chers auxquels nous sommes étroitement unis par le sang, par l'amour, par le souvenir : c'est la famille.

J'ai tenté, Mesdames, de rappeler brièvement les

causes premières qui contribuent à créer, à former, à orienter dans une direction plutôt que dans une autre la personnalité humaine, et pourtant dans cette énumération des forces et des influences multiples qui agissent sur l'être humain, qui le caractérisent et le situent, qui le font tel qu'il est et non tel qu'il aurait pu être, j'ai omis intentionnellement de nommer l'une des plus importantes, celle précisément dont je dois m'occuper aujourd'hui : je veux dire la *profession*.

La profession ! c'est-a-dire, si j'excepte le petit nombre de ceux que leur fortune ou leur incapacité exonère de la loi du travail, l'une des forces les plus puissantes qui s'exercent sur l'humanité, celle peut-être qui, en raison de sa continuité, grave en nous le plus profondément son empreinte, celle qui règne en souveraine sur la plus grande partie de notre vie active et pensante, comme il est aisé de s'en rendre compte. Si en effet d'une journée de vingt-quatre heures, nous retranchons environ huit heures, moyenne du temps donné au sommeil, nous pouvons nous convaincre que la journée utile, celle pendant laquelle nous vivons intellectuellement, c'est-à-dire effectivement, n'est guère que de seize heures. Sur ces seize heures, la presque totalité des hommes adultes, sans compter un nombre considérable de femmes et d'enfants, en consacrent plus de la moitié à un travail professionnel, industriel ou agricole. Les heures accordées à la récréation, à l'instruction, aux plaisirs et aux travaux du foyer, sont donc l'exception. La règle, c'est le labeur professionnel, conformément à la sentence de la Genèse. « Tu gagneras ton pain à la sueur de ton front. »

Voilà donc le fait essentiel dans la vie de l'homme : le *travail* dont la profession n'est que la réglementation et l'adaptation à des fins particulières. C'est par le travail que nous transformons la matière, que nous la soumettons aux ordres de notre volonté, que nous la pétrissons pour la faire servir à l'exécution de nos désirs et à la satisfaction de nos besoins. Mais prenons-y bien garde. L'action ici est réflexe et réciproque ; l'œuvre réagit sur l'ouvrier. Au cours de ce travail qui, à quelques variantes près, sera le même pendant toute notre vie, nous contractons des habitudes, nous nous créons un état d'esprit qui nous différencient à tout jamais des autres hommes. Ceci est vrai déjà de notre physique. Il existe certaines expressions, certaines allures, un je ne sais quoi d'indéfinissable, mais de certain qui marquent en quelque sorte d'un même signe, en dépit des particularités propres à chaque sujet, tous les travailleurs d'une même profession, tous ceux qui, soumis quotidiennement à l'action des mêmes causes, sont obligés de mettre plus spécialement en œuvre certaines qualités. On lira sur le visage du magistrat la gravité, sur celui de l'homme de loi la ruse, sur celui de l'officier la décision et l'énergie. Il sera facile de distinguer à première vue un paysan d'un ouvrier et parmi les ouvriers eux-mêmes un œil exercé saura dans bien des cas reconnaître sinon le métier exact, tout au moins la catégorie professionnelle à laquelle appartient l'artisan. Un observateur un peu exercé ne confondra jamais par exemple un terrassier ou un mineur avec un ouvrier d'art, bijoutier ou sculpteur sur bois.

Et, Mesdames, cette constatation que chacune de vous a été à même de faire, cette constatation qui est presque un lieu commun, elle est vraiment bien instructive si nous voulons la presser et en extraire tout ce qu'elle comporte d'enseignement. C'est qu'en effet ces expressions que la profession a figées sur ces visages d'hommes comme le coin du graveur imprime le dessin sur la médaille, elles attestent chez ceux que nous observons, l'existence d'une âme collective faite des souffrances partagées, des efforts intellectuels ou physiques dépensés en vue d'un intérêt commun, faite des risques courus côte à côte, de tous ces incidents et de tous ces accidents de la vie qui ont agi simultanément sur un même groupe humain. Entre la famille et la patrie, ces deux institutions primordiales au service desquelles nous devons employer le meilleur de ce que nous avons d'intelligence, de force et de dévouement, nous rencontrons une autre institution à laquelle nous avons le devoir de prouver notre reconnaissance puisque c'est elle qui nous donne notre pain et celui des nôtres, puisqu'elle est l'un des agents de la richesse nationale et universelle, et cette institution, encore une fois, n'est autre que la profession.

Ces considérations, Mesdames, étaient nécessaires pour mettre en lumière toute l'importance du sujet que je dois étudier aujourd'hui : *l'organisation professionnelle.* Nous savons que la profession n'est pas un fait purement accidentel, une rencontre fortuite d'hommes engagés parallèlement, sans contact, ni pénétration réciproque à la poursuite de fins identiques. Il nous est démontré, au contraire, que la profession est l'un des facteurs essentiels, l'un des plus puissants modeleurs de la personnalité humaine considérée isolément, de même qu'elle apparaît si l'on étend le champ de l'observation, comme l'un des plus grands courants qui traversent l'humanité. Voyons maintenant quelle place a été faite dans le passé et dans le présent à cette institution, comment le législateur de la France a su utiliser cette force incomparable que dégagent, entre des millions d'hommes, la simultanéité d'un même effort et la conscience d'une vie commune, comment il a tenté

— si toutefois il l'a réellement tenté — d'organiser à côté de l'Etat et de la famille cette autre collectivité non moins vivante, non moins agissante que les deux premières dont elle est l'indispensable complément : l'association professionnelle.

Remontons, par la pensée, si vous le voulez bien, Mesdames, le cours des âges. Laissons notre imagination nous emporter sur les ailes de l'histoire, loin, bien loin en arrière, à travers ces vastes espaces que les siècles écoulés mettent entre les générations humaines, entre *Maintenant* et *Autrefois*. Mais voici le terme de notre voyage. Nous sommes à Paris au XIIIe siècle. La France a pour roi saint Louis ; Paris a pour prévôt, c'est-à-dire pour premier magistrat, Etienne Boileau qui vient précisément de promulguer avec la sanction royale cet admirable Code du travail qui s'appelle le *Livre des Métiers*. Nous allons donc surprendre sur le vif au moment même où elle achève de se constituer, où la loi écrite et précise succède à la coutume orale et souvent incertaine cette organisation professionnelle du moyen-âge si cohérente, si sagement ordonnée, si soucieuse des intérêts des petits et des faibles, si humaine, en un mot, parce qu'elle est profondément chrétienne.

Parcourons les rues du vieux Paris. Chacune d'elles est le siège d'une industrie spéciale. Les orfèvres habitent sur le grand Pont ; les fripiers dans les environs des Halles et rue Sainte-Opportune, les selliers et les imagiers dans la rue Saint-Jacques. Les juifs et les lombards qui font le commerce de l'or et l'usure occupent des quartiers séparés. La rue est bordée de chaque côté d'arcades divisées horizontalement par un mur d'appui et en hauteur par des montants de pierre ou de bois. Les baies comprises entre ces montants contiennent des vantaux qui, la nuit, ferment la boutique. Le matin on relève le vantail supérieur ; le vantail inférieur s'abaisse et sert de comptoir pour l'étalage.

Ces boutiques dites *ouvroirs* sont à la fois des ateliers et des magasins de vente. L'ouvrier y fabrique, sous les yeux du public, la paire de chaussures, la panenôtre (chapelet) d'os, d'ivoire ou de corail, l'aumônière sarrazinoise que la que la noble dame, selon la mode d'alors, suspendra à sa ceinture, la chasuble du prêtre ou l'épée du chevalier. Comme dans toutes les boutiques de la rue on vend la même marchandise, la concurrence est très active. Le marchand est-là sur le pas de sa porte guettant les passants les provoquant à s'arrêter et à examiner son étalage, engageant avec le chaland des discussions interminables au cours desquelles on dépense, de part et d'autre, des trésors d'astuce et de rhétorique.

Mais n'imitons pas le chaland. Ne restons pas à la porte. Entrons. Nous nous trouvons aussitôt en présence de trois personnes : deux hommes et un enfant. L'un des deux hommes qui s'est effacé pour nous laisser passer est celui là même qui, tout à l'heure, prônait la marchandise à la porte, mais qui, pendant toute une partie de la journée, manie lui-même le marteau ou le rabot, les ciseaux ou la lime ; c'est le *maître* (on dirait de nos jours le patron). Cet autre homme qui travaille dans la boutique, c'est l'ouvrier ou pour lui donner le nom qui servait alors a le désigner et qui n'impliquait du reste aucune idée humiliante de domesticité, c'est le *valet* (au XVe siècle, il échangera ce nom de *valet* contre celui de *compagnon*). Tant qu'à l'enfant, vous l'avez deviné, Mesdames, c'est l'apprenti. Nous avons donc sous les yeux des représentants de chacun des trois groupes dont se compose là corporation du XIIIe siècle : l'aprentissage, le compagnonnage, la maîtrise. Cette même hiérarchie existe également dans les métiers exercés par les femmes, par exemple chez les *tisserandes de couvrechefs de soie* qui font, comme leur nom l'indique, des bonnets de soie, ou chez leurs rivales, les *feseresses de chapeaux d'orfroi* qui confectionnent de riches coiffures féminines brodées d'or et enfilées de perles fines. Ici encore la corporation a pour fondement la division de ses membres en trois catégories : les maîtresses, les ouvrières, les apprenties.

Occupons-nous d'abord de l'apprenti. Ce sera dans la plupart des cas un enfant ou un adolescent de douze à quinze ans; dans quelques métiers particulièrement difficiles on rencontrera encore des apprentis de seize à dix-huit ans et très exceptionnellement de vingt ans. Cet enfant ou ce tout jeune homme est là pour apprendre le métier. Il doit une entière obéissance à son maître qui, de son côté, doit l'instruire, le former à la pratique de son art. C'est ici, Mesdames, que se manifeste toute la sagesse du législateur des métiers. Dans cet enfant confié si jeune à un maître peut-être égoïste et cupide, peut-être brutal, il ne voit pas seulement comme tant d'économistes modernes, le futur agent de la production, *un bras qui maniera un outil*; il voit une intelligence humaine à former, une âme humaine à défendre de toute souillure. Aussi comme il multiplie les précautions pour assurer à cet enfant une éducation convenable, un traitement équitable et honorable! Le maître ne doit pas engager plus d'un ou deux apprentis; car autrement, il serait entraîné à négliger leur instruction, à employer tel d'entre eux à des tâches serviles et non au travail de l'*ouvroir*. Le maître doit *enseigner l'enfant et le traiter en fils de prud'homme*, c'est-à-dire, comme le fils d'un bourgeois de Paris, comme un honnête garçon qui a droit à certains égards. Les conventions relatives aux conditions de l'apprentissage sont arrêtées de vive voix entre les parents de l'enfant et le maître, puis répétées, *recordées*, en présence des jurés ou magistrats électifs du métier, qui sont garants de l'exécution du contrat. Si cependant le maître abuse de son autorité, il reçoit un avertissement des jurés. S'il récidive, l'apprenti lui est retiré et confié à un autre maître.

Cependant l'enfant a grandi ; il est devenu un jeune homme de dix-huit ou vingt ans. Son temps d'apprentissage est terminé ; il comparaît alors devant deux maîtres et il jure sur les saints qu'il *fera le métier bien et loyalement*. Le voici promu au rang d'ouvrier ou *valet*. Il lui faut, si le maître dont il a été l'apprenti ne consent à l'occuper en cette dernière qualité, chercher du travail ; car désormais, c'est à lui seul à gagner sa vie. Il se rendra donc à un endroit de la ville où se font d'ordinaire les embauchages des ouvriers de son métier : sur une place, sur le parvis d'une église ou près de l'enseigne d'un cabaret connu : A l'*Aigle* ou à la *Pomme de Pin*. Il attendra ensuite patiemment qu'un maître se présente. En voici un tout justement. Notre jeune ami lui montre son contrat d'apprentissage bien en règle. Mais ce n'est pas tout. Il doit encore prouver qu'il est libre de tout engagement, qu'il n'est ni *rêveur* (flâneur), ni *boulier* (débauché), ni *mauvais garçon*.

Ces justifications fournies, il est enfin *alloué*, c'est-à-dire engagé. Nous ne saurions le suivre dans sa condition nouvelle d'artisan laborieux. Je dirai seulement qu'au XIIIe siècle cette condition, la science historique l'a démontré, était loin d'être malheureuse. L'ouvrier était généralement logé et nourri chez son maître. Les salaires paraissent avoir été au moins aussi élevés que de nos jours ; leur taux moyen à Paris au temps de saint Louis était au moins de 18 deniers à 2 sous parisis par jour, soit au pouvoir actuel de l'argent, 6 à 8 francs par jour. Quant aux heures, elles étaient fixées par le lever et le coucher du soleil, c'est-à-dire plus longues en été qu'en hiver. Le temps des repas déduit, la journée de travail variait de 7 à 8 heures en hiver à 14 heures en été. Mais les jours de repos étaient beaucoup plus nombreux qu'aujourd'hui. Non seulement le travail du dimanche et tout travail de nuit étaient sévèrement interdits ; mais tous les samedis l'ouvrier quittait sa tâche au premier ou second coup de vêpres et ne travaillait ainsi que la demi-journée, il en était de même aux jours de fêtes ordinaires et on en comptait vingt ou trente. Enfin les grandes fêtes chômées pendant lesquelles toutes les boutiques étaient fermées, étaient au nombre d'une trentaine.

Le valet ne demeurait pas toujours au service d'autrui. Le plus souvent, il finissait par s'établir à son compte. Assez fréquemment, il succédait à son maître dont il épousait la fille. Pour s'établir il devait seulement au XIIIe siècle payer certaines taxes peu élevées et prouver en répondant à un interrogatoire sommaire qu'il savait son métier. Il était alors reçu maître et prêtait serment de faire œuvre bonne et loyale, de respecter les règlements de la corporation. Les règlements étaient essentiellement égalitaires. Ils prohibaient l'accaparement. Tout marchand qui avait acheté un lot important de matières premières était tenu, s'il en était requis, d'associer ses confrères à ce marché et de céder au prix coûtant à celui ou à ceux d'entre eux qui le demandaient, une part des marchandises par lui acquises en gros. Toute malfaçon était rendue impossible par les dispositions des statuts qui spécifiaient les types et les qualités de tout produit. Il était interdit par exemple aux chapeliers de feutre de reteindre un vieux chapeau de peur qu'ils ne fussent tentés de le faire passer pour neuf. Il était défendu aux couteliers de mettre une garniture d'argent à des couteaux d'os afin que l'acheteur, à la vue de cette riche garniture, ne fût induit à croire que ces couteaux étaient en ivoire. La loyauté de la fabrication était donc assurée et ces prescriptions avaient pour gardienne non pas une autorité publique peut-être insoucieuse ou corruptible, mais la corporation elle-même, c'est-à-dire tous les maîtres et tous les ouvriers du métier qui se réunissaient à certains jours pour délibérer sur leurs intérêts communs, qui nommaient des jurés chargés de faire exécuter leurs décisions, qui s'attachaient à faire régner entre eux la justice et la fraternité. A côté de la corporation et composée des mêmes membres fonctionne en effet la *confrérie*, sublime association d'artisans unis dans une même pensée de charité et de piété. Grâce à la confrérie, les orphelins sont protégés, les « pauvres vieillles gens du métier » sont secourus, parfois logés dans un hospice entretenu à frais communs. Jamais les devoirs qui procèdent entre les hommes de l'identité de la profession n'ont été mieux définis et mieux remplis qu'au cours de ce Moyen-Age si calomnié par des historiens prétendus philosophes et libéraux.

Malheureusement, Mesdames, tout ici-bas est sujet à se pervertir et à se corrompre : les institutions comme les hommes. Cette corporation si belle et si forte au temps de saint Louis perdit de vue par la suite le noble idéal vers lequel elle s'était tout d'abord orientée. Déjà au XVe siècle, mais surtout au XVIe apparaissent dans les institutions corporatives les symptômes d'une décadence qui s'accentuera encore au XVIIe siècle et sera irrémédiable au XVIIIe siècle. Une petite oligarchie marchande s'est peu à peu emparée de la corporation comme d'un monopole. Tandis que le fils du maître est reçu à la maîtrise sans jamais avoir été ouvrier et souvent même sans apprentissage, tandis que le pouvoir royal vend au premier venu des *lettres de maîtrise* qui lui permettent de spéculer sur le travail d'autrui en prétendant exercer un métier qu'il ignore, l'ouvrier qui n'est pas fils de maître et qui ne peut s'acheter une dispense, ne peut devenir maître à son tour sans avoir accompli un double stage comme apprenti d'abord et ensuite en qualité de compagnon. — Le fils de maître qui veut s'établir n'est tenu de subir qu'un examen de pure forme, tandis que l'ouvrier, non fils de maître, doit, en pareil cas, exécuter un chef d'œuvre coûteux et compliqué. Les taxes exigibles lors de l'admission à la maîtrise, insignifiantes s'il s'agit du premier de ces deux candidats, s'élèvent pour le second à un taux exorbitant. Le droit au travail, le droit à la vie reconnu à tous au XVIIe siècle est confisqué au XVIIIe au profit de quelques-uns.

En même temps la corporation s'attache à des méthodes de travail surannées; elle apparaît comme décidément rebelle à tout progrès, comme fermée à toute idée nouvelle. Une fabrication jusqu'alors inconnue en France, celle de l'indienne, y est importée de Suisse sous le règne de Louis XV. La communauté des fabricants de soie obtient la proscription de cette industrie. Toute femme convaincue d'avoir porté une robe d'indienne est condamnée à l'amende ; les marchands d'indienne sont emprisonnés et en cas de récidive envoyés aux galères. Sous Louis XVI, Sébastien Erard, l'inventeur du clavecin mécanique, Sébastien Erard qui introduisit en France la fabrication des pianos est inquiété et persécuté par les luthiers. Bref la corporation se rend insupportable à tout le monde : aux inventeurs et aux ouvriers comme au public et sa suppression, votée le 14 février 1791 par la Contituante, est saluée de toutes parts comme une délivrance. Quelques esprits clairvoyants entrevirent seuls les dangers de cet acte révolutionnaire qui au lieu d'une *réforme* nécessaire apportait une *destruction*. Quelques hommes doués d'un sens supérieur comprirent seuls qu'en renversant l'une des colonnes de l'édifice social au lieu de la réparer et de la consolider, on compromettait la stabilité de l'édifice tout entier. Cent ans d'histoire allaient se charger d'illustrer cette vérité.

Quel est en effet, Mesdames, le problème capital de l'heure présente ? N'est-ce pas ce grand conflit qui divise le capital et le travail, conflit qui passionne à si juste titre l'opinion publique ? N'avons-nous pas vu reparaître au premier plan, s'imposer à l'attention des plus indifférents cette question de l'organisation professionnelle si dédaigneusement écartée en 1791 ? Depuis un quart de siècle, il est partout question des syndicats et de leur rôle économique et social : syndicats agricoles dont les efforts, on peut l'espérer, parviendront à galvaniser notre agriculture défaillante ; syndicats patronaux armés pour la défense des intérêts de l'industrie, syndicats mixtes le plus souvent catholiques, syndicats rouges et syndicats jaunes. Plus que jamais le syndicat est aujourd'hui à l'ordre du jour et qu'est-ce après tout que ce syndicat sinon la résurrection sous un autre nom et aussi sans doute sous un aspect modifié et avec des visées toutes nouvelles de cette éternelle idée corporative dont nous avons décrit les manifestations sous l'ancien régime ? C'est qu'en effet les mêmes causes sont génératrices des mêmes effets. On comprime momentanément un instinct social ou une liberté ; on ne les étouffe pas. Les classes ouvrières longtemps privées par une législation draconnienne de la faculté de s'entendre, de s'associer, de se coaliser pour la défense de leurs intérêts ont repris après 1848 conscience de leurs droits. La liberté de l'association professionnelle bien qu'elle date seulement de la loi du 21 mars 1884 était en réalité le corollaire obligé de la proclamation du suffrage universel en 1848. Du moment où l'on reconnaissait aux ouvriers le droit de voter, c'est-à-dire de statuer souverainement sur les questions dont dépend le sort du pays tout entier, il devenait impossible de leur refuser indéfiniment le droit de s'associer et de délibérer sur leurs intérêts professionnels. L'expérience avait du reste prouvé que le régime de l'individualisme constituait l'ouvrier isolé et sans fortune dans un état d'infériorité et d'étroite dépendance vis-à-vis des chefs d'industrie. L'ouvrier-électeur devait dès lors réclamer sans se lasser la réparation de cette injustice sociale. Cette réparation, la loi du 21 mars 1884, la lui a enfin donnée en proclamant la liberté de l'association professionnelle, la légalité du syndicat.

Quel usage patrons et ouvriers ont-ils fait de la loi de 1884? Telle est la question qu'il nous faut maintenant examiner.

Tout d'abord un fait est acquis. Avec le mouvement syndical, une grande force s'est révélée. Les statistiques nous apportent à cet égard des indications précieuses qui s'éclairent et se précisent encore par un examen plus minutieux des manifestations de l'idée syndicale.

Il y avait, en 1884, 101 syndicats patronaux. Il y en avait en 1900, dernière année pour laquelle nous possédions des statistiques, 2,382.

Il y avait en 1884, 68 syndicats ouvriers. Il y en avait 3,187 en 1900.

Il n'existait en 1884 qu'un très petit nombre de

syndicats mixtes ; l'enquête officielle n'en signalait même qu'un seul. On en comptait 162 en 1900.

Si l'on consulte les variations survenues depuis dix ans dans les chiffres des membres des syndicats, la progression apparait également comme très rapide.

Les syndicats patronaux qui, en 1890, groupaient 93,411 membres, comptent, en 1900, 170,030 adhérents.

Le nombre des membres des syndicats ouvriers s'est élevé de 139,692 en 1890, à 588,832 en 1900.

Le chiffre des membres des syndicats mixtes a doublé en dix ans (14,096 en 1890, 29,044 en 1900).

Sans doute tous ces syndicats ne sont pas également florissants ; sans doute nombre de leurs membres acquittent très irrégulièrement leurs cotisations ; sans doute enfin l'effectif des syndiqués ne représente encore qu'une minorité par rapport au chiffre total de la population professionnelle de la France. Ce n'en est pas moins un fait considérable que la constatation officielle de l'existence dans notre pays de plus de 5,800 syndicats industriels groupent près de 800,000 travailleurs, patrons et ouvriers. En présence de tels résultats, on est fondé à dire que l'idée syndicale s'est affirmée depuis quinze ans avec une incomparable puissance. Mais il ne suffit pas de constater cette force; il faut encore voir dans quel sens elle s'est employée, quelle œuvre elle a su accomplir. C'est ce que je vous demande la permission d'examiner brièvement.

Je ne dirai qu'un mot des syndicats patronaux. Ces syndicats ont rendu sans doute à leurs membres de signalés services, en défendant leurs intérêts économiques, en étudiant les questions douanières et fiscales qui les concernent, en recherchant les moyens de lutter contre la concurrence étrangère, en permettant enfin aux patrons de s'entendre et de résister, — comme c'est leur droit, — à celles des prétentions de leur personnel qu'ils jugent inacceptables. Mais leur action sociale a été, il faut l'avouer, fort restreinte. Ces syndicats n'avaient encore créé en 1900 que 40 caisses de secours mutuels, 14 caisses de retraites, 1 caisse de crédit, 152 bureaux de placement, 105 bibliothèques. La grande majorité de ces associations se sont strictement renfermées dans leur rôle de chambres consultatives de l'industrie et éventuellement d'agents de résistance aux revendications ouvrières.

Si des syndicats patronaux nous passons aux syndicats mixtes, c'est-à-dire composés tout à la fois de patrons et d'ouvriers, il semble que nous soyions en droit de nous attendre à de meilleurs résultats. Vous n'ignorez pas, Mesdames, quelle haute pensée de régénération sociale a présidé à la naissance de ces syndicats issus, pour la plupart, des cercles catholiques d'ouvriers que créèrent, au lendemain même de nos désastres, quelques hommes de cœur au premier rang desquels il me sera permis de citer MM. de Mun et de La-Tour-du-Pin. De fait, il existe sur plusieurs points du territoire divers syndicats mixtes qui, grâce à des circonstances particulièrement favorables, grâce à de généreux concours, grâce surtout au dévouement du patron et au bon esprit du personnel, ont justifié les espérances de leurs fondateurs. C'est ainsi que dans les établissements du Val-du-Bois l'initiative du chef d'industrie, M. Léon Harmel, a donné l'essor à toute une pléiade d'institutions de bien public : syndicats mixtes, conseils d'usine, sociétés de secours mutuels, etc., qui fonctionnent dans d'excellentes conditions. Ces institutions sont gérées par des comités composés en nombre égal de représentants du patron et des ouvriers. Toutes les questions litigieuses sont examinées par ces comités qui parviennent toujours à les régler avec équité. Citerai-je encore — car le syndicat mixte convient particulièrement aux ouvrières plus dépendantes que les ouvriers et moins armées pour les combats de la vie, — citerai-je, dis-je, une association bien connue de vous toutes : *le Syndicat de l'Aiguille*. « C'est l'union, — disait, il y a peu d'années, la

« présidente de ce syndicat, — c'est l'union que nous « espérons établir entre personnes de même profes- « sion, mais de conditions diverses. Cette union, « nous la voulons chrétienne, Dieu seul pouvant « donner le doux lien d'amour fraternel qui main- « tiendra entre ses membres l'harmonie, résultat « d'un égal respect de leurs droits réciproques. » Chaque patronne affiliée à ce syndicat paie une coti- sation minima de 10 francs par an ; chaque associée employée verse 2 francs, chaque ouvrière 1 franc. Le syndicat est administré par 12 patronnes, 12 em- ployées, 12 ouvrières. Je n'en finirais pas si je ten- tais de décrire toutes les créations du *Syndicat de l'Aiguille* et de dire tout le bien qu'il a fait. Caisses de prêts gratuits qui mettent, sans demander aucun intérêt, de petites sommes à la disposition de l'ou- vrière malade ou victime du chômage, caisse de se- cours aux ouvrières les plus malheureuses, maisons de famille de la rue de l'Université et de la cité du Retiro, restaurants à bon marché. Ce sont là les prin- cipales de ces fondations.

Quels qu'aient été les heureux résultats obtenus dans certains cas et sur certains points par les syn- dicats mixtes, on ne peut nier toutefois que, d'une manière générale, leur action ait été fort limi- tée. Depuis quelques années le nombre de leurs membres n'augmente plus ; il tend même à diminuer. C'est qu'en effet, en dehors de circonstances exceptionnelles, il est difficile de réunir dans un même groupement, d'appeler à délibérer côte à côte, ces deux éternels adversaires : le patron et l'ouvrier. Le second suspecte les intentions du premier et il préfère à tort ou à raison au syndicat mixte où il se sent mal à l'aise, où il se croit surveillé, alors même qu'il n'est que protégé, — le syndicat créé tout exprès pour lui et où le patron n'a pas accès : le syndicat purement ouvrier.

Qu'est-ce donc que ce syndicat ouvrier dont la réputation n'est pas des meilleures et que tant de gens considèrent comme une institution éminemment dangereuse, comme le centre d'une agitation révolutionnaireet collectiviste ? Ces accusations sont-elles fondées ? n'y a-t-il donc à attendre que du mal d'associations si puissantes et si actives ? c'est ce qu'il nous faut examiner.

Les syndicats ouvriers ont un double rôle. Ils sont tout d'abord, vis-à-vis des patrons, les représentants des intérêts ouvriers, chargés, comme tels, d'obtenir pour leurs membres les meilleures conditions de travail. Ils sont, en second lieu, ou du moins ils doivent être, les administrateurs de la fortune ouvrière, les organisateurs des institutions de prévoyance, de mutualité, d'enseignement qui peuvent être utiles à la classe laborieuse. Il nous faut rechercher quelle a été leur œuvre à ce double point de vue.

Le syndicat ouvrier, dis-je, doit en premier lieu défendre auprès des patrons les intérêts des travailleurs qu'il représente. Il n'a certes pas failli à cette première tâche, et s'il est un reproche à lui adresser ce n'est pas assurément celui d'avoir déserté la cause de ses mandants, mais bien plutôt d'avoir défendu cette cause avec trop d'ardeur, d'avoir souvent confondu l'énergie avec la violence, de s'être trop souvent laissé leurrer par les politiciens et les agitateurs de carrière. Oui, il faut savoir le reconnaître, il est arrivé trop fréquemment au syndicat de faire un usage déplorable de l'influence dont il dispose, de déclarer par exemple des grèves à la fois inopportunes et injustifiées dont l'issue devait être, et fut en effet, ruineuse pour les ouvriers. Il a eu le tort d'abandonner dans mainte occasion le terrain des revendications précises et raisonnables pour se lancer éperdument dans une politique d'aventures et de violences.

Mais quoi ! de ce que le syndicat ouvrier a donné prise jusqu'ici à de telles critiques s'ensuit-il qu'il faille pour cette seule raison le condamner à tout jamais ? Est-il donc si surprenant que dans un pays où la liberté de l'association professionnelle ne date pas encore de vingt ans, les syndicats ouvriers ne soient pas encore parvenus à la pleine maîtrise d'eux-mêmes? Vingt ans! Mais, pour les associations comme pour les hommes, c'est l'âge de tous les enthousiasmes, c'est aussi l'âge de toutes les folies. Laissez venir l'expérience, cette sévère institutrice du genre humain et peu à peu, du contact des ouvriers avec les faits, de leurs luttes, hélas! de leurs souffrances mêmes, se dégagera une leçon. L'échec d'une grève inconsidérément déclarée invite le travailleur imprudent à mieux réfléchir à l'avenir. Il apprend peu à peu à se rendre compte de toute la distance qui sépare le juste de l'injuste, l'impossible du possible, le rêve de la réalité. Son éducation se complète. Son jugement se rectifie. Il était un enfant; il devient peu à peu un homme.

Ce ne sont pas là, Mesdames, quoique puissent dire les pessimistes et les découragés, des hypothèses sans fondement, des espérances purement utopiques. L'exemple de l'Angleterre suffirait au besoin pour l'attester. L'Angleterre a traversé, elle aussi, une période critique; elle a connu, elle aussi, les troubles et les émotions populaires dont s'effraie aujourd'hui chez nous l'opinion. Les émeutes chartistes et les désordres de Manchester en 1840 ont alarmé autrefois les classes dirigeantes de ce pays autant et plus que nos grèves de Carmaux ou de Monteeau-les-Mines ont inquiété la bourgeoisie française. L'organisation syndicale a cependant survécu en Angleterre. Elle a assagi l'ouvrier ; elle l'a rendu apte à discuter pacifiquement ses intérêts et si de ses jours il éclate encore de temps en temps des grèves en Angleterre, ce grand pays est peut-être le seul, — c'est là une constatation d'une importance capitale — où le collectivisme, au lieu de s'emparer de l'esprit des masses, n'existe en quelque sorte qu'à l'état embryonnaire. La pratique syndicale y a en effet accoutumé les travailleurs à ne pas se payer de mots, à ne pas s'enthousiasmer pour des chimères. Cet esprit pratique à la fois si prudent et si ferme qui, d'une manière générale, a inspiré les résolutions et les actes des associations ouvrières anglaises, a trouvé sa formule dans cette règle de conduite que leur traçait, il y a quelques années, à l'un des congrès des Trade-Unions, un ancien ouvrier mineur devenu membre de la Chambre des communes et sous-secrétaire d'Etat du Département du Commerce dans le ministère Gladstone : « Messieurs, disait Thomas Burt, à ses camarades les travailleurs, ne vous inquiétez jamais de ce que vous ne pouvez pas atteindre et ne vous troublez jamais de ce que vous ne pouvez pas éviter. »

Tel devrait être en effet, Mesdames, la devise de nos syndicats ouvriers français et s'ils s'inspiraient de vues si sages, quel champ magnifique s'ouvrirait à leur activité.

Revendication persévérante des droits des travailleurs : droit au juste salaire, droit à une limitation raisonnable de la durée du travail — mais aussi modération dans ces revendications, recherche loyale d'un terrain d'entente et de conciliation avec les industriels par la création de juridictions d'arbitrage permanentes, de *chambres d'explications* où à des dates fixes des délégués des deux partis viendront échanger leurs vues, tenter de résoudre les litiges survenus entre eux ou mieux s'efforcer d'en prévenir la naissance : c'est à cette tâche de progrès et de pacification sociale que quelques syndicats encore trop rares ont déjà consacré leurs efforts. Au premier rang de ces organisations se place la *Fédération des travailleurs du Livre* qui groupe plus de la moitié des ouvriers typographes. La direction de cette Fédération a pu être arrachée aux révolutionnaires par un homme qui réunit toutes les qualités du chef populaire vraiment digne de ce nom : prudence dans le conseil, énergie dans l'action. Les tarifs syndicaux variables selon les régions ont été établis d'accord avec la grande association patronale : l'*Union des maîtres imprimeurs* et règlent la question la plus délicate qui puisse surgir entre des chefs d'industrie et leur personnel : celle du salaire. Aussi les grèves sont-elles rares parmi les ouvriers adhérents à la *Fédération des travailleurs du Livre*. Aucune grève n'est appuyée par la Fédération si après enquête approfondie les griefs articulés pour la justifier ne sont reconnus fondés. Si cette enquête établit les torts du patron, la Fédération intervient en faveur des grévistes et leur accorde, au besoin pendant treize semaines, un secours quotidien de 3 fr. 50.

Mais la discussion des conditions du contrat du travail n'est pas la seule mission qui incombe aux syndicats ouvriers. Après avoir obtenu pour leurs adhérents un salaire équitable, il leur reste encore à régler l'emploi de ce salaire, à établir en quelque sorte le budget de la famille ouvrière, à pouvoir aux besoins multiples avec lesquels il lui faut compter; il leur reste à créer ces multiples institutions de prévoyance, de mutualité, d'enseignement, si indispensables à l'artisan et dont seule l'association est capable de lui assurer le bénéfice. Déjà certains efforts ont été tentés dans ce but, malheureusement avec trop peu de cohésion et d'esprit de suite. Les dernières statistiques officielles nous révèlent en 1900 l'existence des institutions suivantes créées par les syndicats ouvriers : 733 bureaux de placement, 648 bibliothèques professionnelles, 353 caisses de secours mutuels, 184 caisses de chômage, 547 caisses de secours de routes, 51 caisses de retraites, 35 sociétés coopératives de consommation. Bien qu'il faille se garder d'attribuer une égale importance à toutes ces organisations dont beaucoup sont encore à l'état rudimentaire, elles attestent cependant, dans leur ensemble, la puissance créatrice du mouvement syndical encore à ses débuts. Il faut maintenant que ce mouvement se continue, s'éclaire, s'approfondisse. Il faut, — dût l'Etat intervenir pour leur montrer la route, dussent les patrons supporter les sacrifices nécessaire, dont plus de sécurité et plus de stabilité dans l'industrie sera la récompense, — que contre la maladie, le chômage, l'ignorance, la misère, les classes ouvrières apprennent à se prémunir en mettant en œuvre cette grande force de l'association. Il faut que l'union cordiale des bras et des cœurs contre les infortunes de la vie devienne une réalité. Il faut que ce grand devoir social et religieux : la fraternité, soit désormais compris de tous et devienne la devise universelle.

J'ai terminé, Mesdames. Vous me permettrez cependant de vous adresser encore une prière : L'idée syndicale dont je vous ai entretenu n'est sans doute pas l'une de celles auxquelles vous puissiez, sauf en de rares circonstances, apporter un concours direct et personnel. Vous pouvez cependant la servir, cette idée, en vous chargeant de l'expliquer et de la défendre dans le milieu social où vous vivez et sur lequel vous exercez une légitime influence. Vous pouvez la servir en combattant, par exemple, cette opinion toute faite, très accréditée dans les hautes classes,— mais radicalement fausse,— que le syndicat *est nécessairement et sera toujours* l'agent de la révolution sociale, comme si la maladie dont un organe est affecté, était cet organe lui-même, comme s'il n'était pas cent fois préférable de tenter de capter et d'utiliser pour le bien public une source jaillissante d'énergie que de s'efforcer de la tarir. Malgré tout, cette grande œuvre de l'organisation professionnelle ne sera pas vaine si elle est conduite avec sagesse et poursuivie avec persévérance. Confions à la terre de France, à ce sol généreux et fécond, la bonne semence, et puis laissons faire à Dieu, le Grand Ouvrier. Elle lèvera, soyez en sûres, la moisson attendue, la moisson splendide et dorée qui fait oublier au laboureur ses fatigues et qui lui donne, avec le pain nécessaire à la vie, ce divin viatique : l'espérance.

MARTIN SAINT-LÉON.

CATHOLICISME ET SOCIALISME

Mesdames, Messieurs,

Le sujet de cette troisième leçon est effrayant pour vous et pour moi. « Catholicisme et socialisme », n'est-ce pas un bien gros titre pour une causerie d'une heure ? Peut-on, en de si courts instants, même en style de table des matières, non pas certes approfondir, mais seulement résumer intelligemment, intelligiblement les principales idées que contiennent ces deux mots ? En toute franchise, je ne le crois pas et en toute humilité, je ne me sens pas de force à réaliser ce miracle. Pour essayer d'être utile, j'ai donc le devoir d'être incomplet et, par suite, le droit de cueillir seulement, dans le champ immense qui nous est ouvert, les quelques idées simples, générales, primordiales qui me sont le plus chères, afin de vous les soumettre et de vous demander de les aimer, de les défendre et de les propager à votre tour, s'il vous plaît.

Mais, s'il est immense, le sujet de notre entretien est singulièrement intéressant et actuel. « Catholicisme et socialisme ! » ; le rapprochement de ces deux mots, de ces deux doctrines est trop justifié pour que j'aie à expliquer le titre de cette leçon. Il s'agit bien là des deux grandes forces qui se disputent l'avenir et déjà même le présent de nos sociétés humaines. L'une et l'autre prétendent à elles seules prendre l'homme tout entier, répondre à ses désirs, satisfaire les aspirations de son esprit et rassasier les appétits de son corps, organiser sa morale, réglementer ses relations sociales, fixer les mobiles de ses actions et le but de son existence ; l'une et l'autre veulent, suivant l'expression de Secrétan, « boucler » la vie humaine. En pratique, c'est aussi le même problème que les deux doctrines doivent résoudre si elles veulent vivre et triompher : correspondre aux besoins nouveaux de peuples qui ont subi et qui subissent encore de si profondes transformations scientifiques, intellectuelles, économiques, politiques ; de peuples qui, — dans leur désarroi, dans leur inquiétude, — réclament un guide, attendent un sauveur. Car ces peuples adopteront avec élan, avec reconnaissance, la théorie qui, s'adaptant le mieux à toutes ces nouveautés, saura découvrir la solution des problèmes qui se posent à lui.

Dans ce grand conflit, quelle doit être notre attitude? C'est sans doute, non pas seulement d'opter pour notre compte — ce qui, j'en suis sûr, est déjà fait pour la plupart d'entre nous, — mais de pousser, d'aider les autres, les ignorants, les indifférents, les égarés, les ennemis eux-mêmes s'ils sont de bonne foi, à opter eux aussi et à bien opter. Or l'efficacité de cet apostolat dépendra bien plus de ce que nous penserons que de ce que nous ferons ; je veux dire que notre attitude s'inspirera inévitablement de nos convictions réfléchies. Nous serons jugés plutôt d'après nos idées que d'après nos actes, ou du moins, on voudra retrouver dans nos œuvres le reflet de nos principes directeurs. Mon rôle ici, — puisqu'aussi bien il s'agit d'un enseignement, — est de dégager, à ce point de vue, les thèmes fondamentaux du socialisme et du catholicisme. Je voudrais, laissant de côté les appréciations toutes faites, les blâmes ou les éloges faciles, comparer, sur ce terrain, les deux doctrines, ou plus exactement les hommes qui les représentent, et, de cet examen critique, extraire quelques règles portant sur des principes essentiels et formant des directions d'ensemble.

Il faut bien, à la base de cet exposé, constater un fait d'une gravité extrême : je veux dire les progrès considérables qu'a faits le socialisme en un demi-siècle, l'empire qu'il a pris sur notre démocratie. Les plus jeunes d'entre nous ont presque assisté à cette éclosion, et ils ont vu les étapes de cette propagation foudroyante, de cette conquête des intelligences et des cœurs, comme par miracle. Le collectivisme — car il faut préciser, et le mot de « socialisme » se prête à toutes les équivoques parce que chacun lui donne le sens qui lui plaît, — nous envahit et commence à nous submerger. Il était naguère à nos portes, il est maintenant dans la place, il est dans nos gouvernements ; il est, en tous cas, ce qui est beaucoup plus grave, dans un grand nombre d'intelligences et de volontés.

Mais, après avoir reconnu cette évidence, il est essentiel d'étudier et de distinguer les causes de ce succès. Quand la mode était encore aux citations, on aurait dit : *Fas est ab hoste doceri*..., c'est auprès de nos ennemis que nous trouvons les bonnes leçons. Mais le mot d'ennemi ne convient pas ici, au moment où nous allons rechercher, avec une entière sérénité d'esprit, avec loyauté, impartialité et tolérance, l'explication de ce développement du collectivisme dans notre démocratie. Nous pourrons mieux apprécier ensuite le rôle du catholicisme et, repassant ce que les catholiques ont pensé et fait jusqu'ici, nous demander ce qu'ils doivent penser et faire dans l'avenir.

Ce qui frappe tout d'abord, c'est l'inefficacité des blâmes et des indignations dont le socialisme est accablé par ses adversaires. On a beau dire et répéter qu'il est une erreur grossière, qu'il insulte à la raison et répugne au cœur de l'homme, il n'en conserve pas moins le terrain gagné et n'en continue pas moins ses conquêtes. Cette contradiction brutale entre ce qui devrait être et ce qui est mérite notre examen.

Résumons donc cette « critique classique » des doctrines socialistes que font depuis si longtemps — avec plus d'éloquence que de succès, hélas! — des orateurs et des écrivains pourtant pleins de bonne volonté, de science et de talent :

« Quoi de plus chimérique, disent-ils, que cette conception d'une société qui serait parfaite le jour où, — grâce à des conditions nouvelles, — tous les hommes seraient eux-mêmes devenus parfaits ! Quoi de plus contraire à la raison, à la science, à l'histoire, que cette attente du moment où l'on n'aurait plus à compter avec la méchanceté, la brutalité, l'égoïsme, la jalousie et tous les vices humains ! Ces rêves soutiennent d'ailleurs si mal l'examen que les docteurs du collectivisme se gardent bien de préciser leur programme de reconstruction sociale et qu'ils laissent prudemment dans la pénombre d'un avenir lointain et nuageux leur plan de réformes positives. En somme, un poète, emporté par un lyrisme fou, pourrait peut-être, de bonne foi, célébrer, dans son ivresse littéraire, la société future régénérée par le collectivisme triomphant ; il pourrait — comme l'a fait souvent l'éloquence de M. Jaurès — chanter la *nouvelle chanson*, célébrer la cité idéale où tout sera juste, bon et beau, où l'homme, avec un minimum de travail, jouira du maximum des voluptés terrestres ! Mais je défie un savant, un philosophe, un historien, un médecin, — ou même tout simplement un homme de bon sens et d'expérience, — de prendre au sérieux ces fantaisies. »

Puis, après avoir démontré que le socialisme ne s'impose ni par sa valeur philosophique ni par son caractère scientifique, on croit prouver facilement qu'il ne s'adresse pas davantage au côté sentimental de la nature humaine ; qu'il ne prend pas l'homme, par le cœur, par les raisons que la raison ignore, ou comme on disait autrefois, par les entrailles ; et l'on continue :

« Détruire l'appropriation individuelle du capital, c'est atteindre ce sentiment profond qui pousse l'homme à conserver, à accroître pour lui et pour ses enfants une fortune qui est légitime parce qu'elle est le produit de son travail, respectable parce qu'elle est le résultat de son économie, de sa sobriété, de ses vertus.

Détruire la famille en proclamant l'union libre, c'est menacer l'homme honnête qui désire un foyer stable et digne, autour de la femme fidèle et de la mère dévouée; c'est satisfaire et encourager uniquement les débauchés en créant un régime où, le bon plaisir, c'est-à-dire le vice régnant seul, ils pourraient sans gène assouvir leurs passions; c'est désorganiser, détruire la famille humaine et la rabaisser même au dessous de ces familles d'animaux qui, elles au moins, sont maintenues et réglementées par l'instinct.

Détruire la patrie, sous prétexte de fraternité humaine, c'est, pour l'instant, insulter au sentiment le plus vivace encore dans le peuple, l'amour sacré de cette terre où les ancêtres reposent, le respect de ce sol que tant de générations, avant la nôtre, ont cultivé et défendu, l'attachement à ce pays qui représente les chères traditions, les souvenirs précieux de notre histoire ! »

Nous applaudissons tous volontiers à de telles paroles, mais nous ne pouvons ignorer pourtant la contradiction, le paradoxe, j'allais dire le miracle, qu'elles mettent aussi clairement en évidence :

Le socialisme, nous a-t-on dit, ne devrait pas plus séduire les cœurs qu'il ne devrait convaincre les esprits ; il les convainc cependant et les entraine en foule. Il est — dans le sens littéral du mot — inhumain, c'est-à-dire opposé, en tant que doctrine, à toutes les tendances naturelles et légitimes des hommes; mais il fascine une partie de l'humanité la plus civilisée. On nous prouve qu'il est malfaisant et antipathique ; mais il séduit chaque jour une masse plus compacte d'ouvriers, il s'est implanté dans les usines, il s'infiltre dans les campagnes, il possède ses orateurs, ses philosophes, ses économistes, ses professeurs, ses journalistes, ses littérateurs, on pourraitdire ses prêtres en songeant à l'autorité, à l'infaillibilité quasi-religieuse qu'il revendique, à l'exaltation de la foi, de l'espérance, du dévouement qu'il suscite. Il ne devrait grouper, assure-t-on, que quelques fous, quelques sots ou quelques méchants ; mais il est pour l'avenir de notre pays — et de bien d'autres pays — une menace terrible ; il est, dès à présent, une puissance redoutable.

Il faut bien, — si l'on veut éclaicir ce mystère et résoudre ce problème déconcertant, — admettre que la « critique classique » n'a pas tout vu ni tout compris. Il faut bien croire qu'après elle il reste encore à étudier et à connaître certains aspects moins apparents de cette étrange doctrine qui, ayant tout ce qu'il faut pour échouer, triomphe quand même.

Je crois qu'en se livrant à une analyse impartiale, on découvre à cette expansion violente et rapide du socialisme deux sortes de raisons, les unes mauvaises et illégitimes, les autres bonnes et vraies ; et que ces raisons, — causes nécessaires et suffisantes des résultats que nous avons constatés, — expliquent à merveille les apparentes contradictions qui viennent de nous arrêter.

Il convient de dire, en passant, un mot des premières raisons, les mauvaises ; ne serait-ce que pour éviter plus scrupuleusement d'employer jamais nous-mêmes ces moyens malsains de plaire à la foule et de l'attirer.

Le socialisme use d'abord du prestige fascinateur qu'exerce sur l'imagination populaire la promesse d'un nouveau paradis terrestre, d'un Eldorado chimérique, l'annonce d'un âge d'or — mystérieux et délicieux inconnu — d'autant plus délicieux qu'il est plus inconnu. L'attrait qu'exercent ces espérances est puissant parce qu'elles correspondent aux aspirations les plus profondes de la nature humaine, là surtout où elle est plus puérile et plus souffrante. Or le peuple, qui est un grand enfant et qui souffre parfois victime de l'injustice, accepte avidement, et sans beaucoup réfléchir, ces théories, dans lesquelles il veut voir avant tout l'amélioration de sa vie, et la préparation de son bonheur. On lui dit, — et il le croit d'autant mieux que c'est vrai souvent, — on lui explique que, si le mécanisme social fonctionne douloureusement pour tant d'innocents, c'est la faute de la construction actuelle de cette vieille machine qui est vicieuse et usée. Et on ajoute que le secret est trouvé de la reconstruire à merveille, sans frottements, sans forces perdues ; on assure que ce sera bientôt fait, dès que l'on pourra démolir les anciens rouages. Ce jour-là, dit le socialisme, l'homme libéré, divinisé par ses propres forces, jouira du ciel sur la terre. Et la jalousie, l'envie, sources de tant de souffrances et de crimes, disparaîtront définitivement de ce monde parce qu'il y aura des richesses assez abondantes et assez équitablement réparties pour que chaque homme, repu et satisfait, n'ait plus le moindre désir du bien d'autrui, dont il n'aurait que faire.

Ce dogme nouveau ou plutôt ce rêve, cette imagination se fondent donc sur une conception positiviste de l'univers, et, pour chercher le bonheur, ses docteurs et ses prophètes s'enferment résolument dans l'enceinte de cette terre. Ils ne poursuivent que les jouissances matérielles, ils n'en veulent qu'aux choses finies, et ils ne promettent rien qu'au corps de l'homme.

Mais nous allons voir que, par une contradiction surprenante et qui est un démenti, un désaveu à lui-même, le socialisme fait appel indirectement à cette âme qu'il nie, et crée une sorte d'idéalisme particulier qu'il conseille à ses fidèles et qu'il exige de ses apôtres. Il a senti qu'il devait satisfaire ce besoin religieux du mystère, du sacrifice qui est plus ou moins au fond de tous les hommes ; et tandis qu'il laisse un voile épais envelopper ses prestigieuses perspectives de reconstruction sociale, il réclame de chacun, de chaque génération, le dévouement et le labeur nécessaires pour préparer le bonheur futur des générations à venir, bonheur dont on ne jouira pas soi-même. Il exalte la noblesse d'un apostolat désintéressé, la grandeur de la solidarité qui unit les travailleurs de tous les temps ; il célèbre la valeur de la pitié humaine quand elle est agissante et qu'elle est la source d'une abnégation sans limites. Et ceux qui veulent qu'on consacre ainsi à la recherche des jouissances les plus matérielles, les plus terrestres, tant de qualités morales, de vertus de l'âme, de renoncements surhumains, ne manquent pas d'opposer à la noblesse de leur idéal contradictoire l'égoïsme prétendu de la vertu et des espérances chrétiennes.

De la sorte, confondant tout à dessein, promettant un irréalisable bonheur mais exigeant d'inexplicables sacrifices, rabaissant tout aux choses matérielles mais honorant un idéal désintéressé, flattant le sensualisme mais prescrivant la solidarité et la pitié, les socialistes avec leur théorie à double face et leurs mots sonores, trompent et entraînent tous ceux qui ne sont pas bien armés pour les percer à jour et les juger sainement.

Il nous est impossible de ne pas stigmatiser énergiquement une telle doctrine et de tels procédés. Au risque même d'y perdre pour un temps devant une certaine opinion publique, nous avons le devoir de ne rien emprunter à ces moyens d'abuser le peuple et de lui plaire. Aussi, avec Léon XIII, condamnons-nous énergiquement le titre de « socialiste chrétien » parce qu'il crée une équivoque dont nous ne voulons accepter ni les inconvénients, ni les avantages. Nous ne bornons pas l'homme aux choses finies, nous ne promettons pas le paradis sur la terre, nous n'espérons pas que les hommes soient jamais des modèles d'impeccable perfection, nous n'admettons pas que la thèse collectiviste soit juste et bienfaisante ni qu'une société puisse fonder son organisation et sa prospérité sur une monstrueuse erreur ou placer son but dans une chimérique illusion !

Mais, tout ceci dit, j'ajoute qu'il n'y a pas seulement dans le socialisme ces erreurs, ces abus, ces contradictions pour expliquer sa faveur et son succès. Je crois même que sa force vient au contraire de la part importante de vérités qu'il contient, et je voudrais vous en faire rapidement la démonstration. Et, comme cette étude soulève de nombreuses questions, touche à beaucoup d'idées, contient de multiples problèmes, et que j'aurai à peine le temps de résumer ma pensée, je compte sur votre collaboration pour la comprendre, la développer et la compléter au besoin.

Tout d'abord, — et c'est le point de vue empirique, expérimental, — on doit admettre que les socialistes ont eu, dès le début, le juste sentiment du besoin qu'ont les hommes de se réunir, de rapprocher leurs forces ou plus exactement leurs faiblesses, surtout quand il sont pauvres, anonymes, impuissants, surtout quand la législation de leur pays tend à l'émiettement de la société en favorisant un individualisme excessif. Ils ont su, les premiers, proclamer les bienfaits de l'association, constituer des groupements populaires après l'émiettement de toutes les anciennes organisations. En exploitant cette puissance naissante, en l'appropriant aux besoins modernes, en l'isolant au moins en apparence et à l'origine de toute préoccupation religieuse ou politique, en déclarant au contraire qu'ils la mettaient exclusivement au service des intérêts économiques des travailleurs, ils ont acquis une notoriété extrême. Ils y ont gagné du même coup un titre particulier à la reconnaissance de ceux qu'ils affectaient de défendre et un prétexte excellent pour demeurer en contact avec eux.

Si leur influence s'en est accrue, nous aurions mauvaise grâce à nous plaindre, car c'était justice, et nous aurions pu le prévoir. Nous n'avions qu'à prendre avant eux cette attitude et elle nous était dictée par tous les enseignements du Christ qui a toujours prescrit d'aller au peuple et de lui être compatissant. J'ai lu quelque part l'aveu d'un patron catholique allemand : « Nous nous sommes laissé devancer, disait-il; les ouvriers sont allés à la première organisation qui s'offrait à eux, et c'était une organisation socialiste. » A qui la faute ? Pourquoi les catholiques ont-ils négligé tant d'occasions de dire et de prouver aux ouvriers qu'ils pensaient à eux. Pourquoi n'ont-ils pas commencé plus tôt à créer des associations, à encourager les syndicats, à favoriser le mutualisme ? Pourquoi ont-ils plutôt donné l'impression qu'ils avaient peur de ces forces nouvelles et qu'ils y étaient les uns indifférents, les autres hostiles ?

Mais, ce n'est encore là que l'aspect extérieur, matériel, de cette grande question. Sous ces constatations expérimentales, se cache une vérité plus profonde que le peuple — instinctif et par conséquent intuitif — a, confusément peut être, mais vivement sentie : c'est que l'homme est essentiellement un être non pas seulement « sociable », c'est-à-dire fait pour vivre en société, mais « socialisant », c'est-à-dire nécessairement uni à tous les hommes par des liens multiples dont il ne peut s'affranchir. C'est là le véritable point de vue à la fois social et moral duquel dépend et découle la théorie de la justice dans un État. Tout, en nous et autour de nous, le démontre et nous le rappelle :

La loi de la nature est le contraire de cet état d'isolement qu'avait imaginé Rousseau ; elle est en désaccord avec ce qui est, à un point de vue voisin, la théorie de l'économie politique classique. La solidarité sociale est la règle, et nous aurons à revenir sur cette vérité fertile. Constatons, pour le moment, que ce sont les penseurs socialistes qui, à notre époque, se sont les premiers attachés à l'étude de ce principe. N'est-ce pas Karl Marx, pour en citer un exemple illustre, qui avec sa théorie de la plus-value a attiré l'attention sur l'un des plus graves problèmes de cet ordre ? En somme, ce sont eux qui, parmi tant de sophismes, d'exagérations et d'erreurs, ont fondé cette nouvelle science des droits de l'ouvrier moderne dont personne ne méconnaîtrait aujourd'hui la nécessité et l'importance.

Ensuite, ces expériences, ces organisations, ces études, ont amené les socialistes à se préoccuper, — ou à paraître se préoccuper, — plus ou mieux que d'autres, de la dignité humaine, de la valeur infinie de la personne, de la noblesse du travail manuel. En présence d'abus criants, d'éclatantes injustices, ils ont poussé le premier cri d'alarme et fait entendre les premières protestations contre le caractère légal et collectif de ces iniquités. Ils ont découvert, puis ils ont prouvé, que la solidarité est souvent méconnue, que des droits essentiels sont violés, que nos lois et nos tribunaux ne proclament et ne défendent pas la véritable, la complète équité. Ils l'ont dit au peuple — toujours avec exagération, parfois avec mauvaise foi, souvent avec haine — mais, dans bien des cas, avec un fond indiscutable de vérité. Les hommes de labeur leur ont su gré de ce courage, de cette franchise, de cette ardeur; ils leur ont été reconnaissants de leur expliquer ce dont auparavant ils n'avaient qu'une intuition confuse, et ils les ont considérés comme des amis sincères et d'efficaces protecteurs. D'où un nouveau motif pour le prolétariat d'être sympathique aux socialistes.

Enfin, il y a souvent chez ces derniers, dans la pratique de la vie, ce sentiment à la fois très profondément humain — et, bien qu'ils ne le reconnaissent pas, très authentiquement chrétien — de l'assistance mutuelle, de la charité fraternelle qu'ils unissent à une très grande fidélité à leurs principes. Combien d'entreprises socialistes, par exemple des coopératives, réussissent parce que les ouvriers s'y adressent en tant qu'elles sont des moyens de prosélytisme, des œuvres d'apostolat, tandis que de nombreuses coopératives catholiques ont échoué faute de clients, ceux-ci s'en étant retirés le jour où il n'y ont plus trouvé des avantages suffisants d'économie.

Les socialistes, en général, — je parle des troupes et non pas des état-majors bruyants où l'intérêt et l'ambition règnent presque sans partage, — montrent, dans leur organisation et leurs campagnes, une énergie, une persévérance, une discipline, une union, qui ont été la cause de bien des succès et qui leur ont attiré quelquefois l'estime — ou la jalousie — de leurs adversaires eux-mêmes.

Maintenant que nous avons constaté la force d'expansion du socialisme et ses causes mauvaises et bonnes, nous devons par comparaison — toujours avec sincérité et peut-être avec quelque humilité — reconnaître l'insuccès, au moins l'insuffisant succès du catholicisme, — au point de vue social, — et en découvrir les raisons.

Mais, une fois pour toutes, je veux expliquer et préciser ma pensée, afin d'éviter toute fausse interprétation, sinon toute controverse. Quand je dis « catholicisme », je ne veux parler que des hommes qui le représentent, de l'ensemble des catholiques de mon pays et de mon siècle. Soumis totalement au dogme catholique et apostolique intégral, je mets au-dessus de toute discussion l'Eglise éternelle, ainsi que ses enseignements officiels. Mais je revendique le droit d'apprécier librement les hommes, car ils ne sont ni parfaits ni infaillibles, et ils peuvent, même de bonne foi, commettre, dans leur conduite politique ou sociale par exemple, des négligences et des fautes dont ils sont évidemment seuls responsables. Je crois que les catholiques français, si éminents, si charitables, si savants, si saints qu'ils aient été en tant qu'individus, n'ont pas toujours fait ce qu'il fallait pour prendre dans notre société démocratique l'importance et le rang qui leur convenaient.

Pour nous en convaincre, faisons un examen de conscience et préparons-nous à y joindre un *meâ culpâ* sincère qui n'aura de valeur qu'au cas où nous le ferons suivre d'énergiques résolutions.

Comment, il y a peu d'années, le catholicisme apparaissait-il, comment apparait-il encore au peuple, aux ouvriers, à ceux qui souffrent de notre mauvaise organisation sociale ? Sous la forme d'une religion pour riches, réactionnaire au point de vue politique et hostile aux libertés modernes, mais conservatrice, au contraire, au point de vue économique, et satisfaite de l'ordre social établi. Beaucoup de catholiques, épris de la théorie classique qui permet à la toute puissance du capital de porter abusivement atteinte aux droits du travail, se refusaient, sous le faux prétexte de respecter la liberté des accords, à toute réglementation tendant à sauvegarder la justice. En présence d'iniquités apparentes, d'abus visibles, ils fermaient les yeux et ils se taisaient, comme s'ils étaient éblouis jusqu'à la crainte, jusqu'à la servilité, par cette richesse qu'un certain nombre parmi eux possédaient abondamment.

Ils ne disaient rien d'efficace, de direct, d'impérieux en faveur du peuple, et quand ils parlaient, ils réservaient tous leurs enseignements austères précisément pour les pauvres auxquels ils ne cessaient de conseiller la résignation et la patience. Défenseurs, à bon droit, du principe respectable de la propriété privée, ils n'en poursuivaient pas les exagérations et laissaient croire qu'ils étendaient ce respect jusqu'au capitalisme le plus féroce, jusqu'à ces abus que la théologie, du moins, a toujours condamnés.

Nous passions donc, — tantôt à tort et parfois à raison, — pour le groupement des aristocrates, des ploutocrates, ou de leurs amis, partisans, défenseurs et bénéficiaires d'un état social dont nous voulions ignorer les vices parce qu'ils nous profitaient. On nous croyait timides devant le progrès, et hostiles aux évolutions qui doivent améliorer les rapports sociaux. Nous étions antipathiques parce que nous ne parlions pas, parce que nous n'agissions pas assez en faveur des malheureux, ou du moins parce que nous ne le faisions pas avec les méthodes et les pensées qu'il eut fallu ; et, par une conséquence toute naturelle, nous sommes devenus suspects quand nous avons commencé à parler et à agir.

Comme nous n'avions pas assez défendu les droits de la justice, nous avions discrédité la charité, cette admirable et sublime charité dont le rôle sera toujours d'assister et de consoler ceux-là mêmes qui, après avoir épuisé tout ce qui leur était dû, demeureront cependant pauvres, affligés et souffrants. Plus nous répandions nos aumônes, nos bonnes paroles, plus nous nous dépensions nous-mêmes, et plus nous accumulions les ingratitudes et les colères, parce que les pauvres, pensant que nous leur devions bien davantage, ne voyaient dans nos libéralités qu'une prime payée à notre sécurité, un acte intéressé destiné à calmer leur haine et à retarder leurs justes revendications.

Certes, pour accuser le catholicisme de ces apparences, pour le faire responsable de ces fautes, j'accorde qu'il fallait être bien ignorant de l'Evangile, de la théologie, de l'histoire ou simplement du catéchisme ; qu'il fallait être singulièrement superficiel ; mais rappelons-nous que des ouvriers ont le droit d'être ignorants, de manquer d'esprit critique et, surtout quand ils sont malheureux, de ne pas aller jusqu'au fond des choses et de juger une doctrine par ses disciples.

En présence de ce fossé creusé entre le catholicisme et la démocratie, bien des gens ont dit, — et peut-être ont-ils pensé, — que le temps de la décrépitude et de la stérilité était venu pour notre religion. Ils ne considéraient plus en elle qu'une réunion de principes moraux et métaphysiques, respectables sans doute, mais vieillis, démodés, à peine bons pour les femmes et les enfants. Ils en parlaient au passé, affectant déjà cette pitié dédaigneuse qu'on a pour les choses mortes. Ils prétendaient nous laisser dans notre isolement infécond, en attendant que nous nous écroulions sous les ruines de la société capitaliste, notre alliée. Et, pour eux, le catholicisme avait perdu toute action sur la démocratie, tout contact avec les peuples épris de progrès et confiants en l'avenir!

Eh bien, Messieurs, je vous le demande, les catholiques n'avaient-ils pas mérité plusieurs de ces reproches, beaucoup de ces suspicions? Ne devaient-ils pas modifier quelques-unes de leurs conceptions, s'ils voulaient regagner le terrain perdu?

Cette nécessité évidente d'une évolution, d'un élargissement, frappait depuis longtemps les esprits perspicaces et indépendants. Il y a plus de trente ans que des hommes de toutes les origines, de tous les tempéraments, de toutes les professions ont commencé à les réaliser; je me rappelle avec un peu d'émotion le moment déjà lointain où, avec quelques amis que la vie a singulièrement dispersés depuis, nous fondions cette revue baptisée, non sans ambition, *le XXe Siècle*, dans laquelle nous voulions exposer librement nos théories et défendre énergiquement nos espérances. Le but de l'effort commun, c'était de rendre à la société moderne les principes chrétiens dont l'absence la ruine et dont la méconnaissance la tue, de combler l'abîme que les hommes, — nos ennemis et nous mêmes, — avaient creusé entre le siècle et l'Eglise. Cette grande œuvre a été, dans la suite, encouragée, dirigée même par le Souverain Pontife, puisque Léon XIII — ce Pape inspiré — a, dans plusieurs encycliques célèbres, reconnu les droits légitimes des ouvriers et l'urgence d'une législation du travail. Des Cardinaux, des Evêques, des théologiens, des hommes de pensée et d'action ont étudié ces questions, propagé ces principes, et c'est ainsi que fut créé ce que nos adversaires avaient appelé d'abord, pour nous compromettre, le « socialisme chrétien », ce qu'on a nommé depuis « le catholicisme social », ce que, enfin, on a précisé sous le titre défini par le Saint-Siège de « démocratie chrétienne ».

Mais, entendons-nous bien sur ce titre de « catholicisme social » qui n'est pas justifié intrinsèquement, qui ne peut être que provisoire et qui n'a été accepté, à défaut d'autre meilleur, que parce qu'il a l'avantage d'attirer l'attention sur un aspect trop négligé de la religion. Il ne faudrait pas l'employer comme pour faire concurrence dans l'esprit des masses au socialisme, mais il est bon d'en user auprès des catholiques qui en ont besoin. C'est leur dire clairement : « Si vous ne remplissez pas vos devoirs envers la société, vous n'êtes pas assez complètement chrétiens pour l'être vraiment, pour être chrétiens comme il faut l'être en ce lieu et en ce temps ».

Il ne s'agit pas, en effet, d'inaugurer un catholicisme nouveau, rajeuni, remis à la mode du jour pour plaire aux esprits contemporains, et pour répondre aux nécessités présentes. Il faut au contraire demeurer fidèle au vrai, au seul catholicisme intégral, celui de tous les hommes, de tous les pays, de tous les siècles, celui qui, inspiré par la parole du Christ, contient la solution de tous les problèmes anciens et modernes, *nova et vetera*. Il n'est pas question d'imposer au catholicisme une tâche pour laquelle il n'aurait pas été primitivement préparé et doué ; mais d'en tirer toutes ces richesses dont ce n'était pas encore l'heure ou que les catholiques ont laissées inutilisées, parce qu'ils n'ont pas été assez dociles aux suggestions de l'Esprit de Nouveauté qui a promis de développer sans cesse, comme un germe toujours vivant, les inépuisables efficacités de la vérité révélée.

« On est catholique social, écrivait le cardinal Manning, dans la mesure où on est catholique doctrinal. » Ce serait singulièrement diminuer la religion que de lui refuser, en outre de sa puissance moralisatrice sur les hommes, la vertu de corriger les institutions d'un pays, d'améliorer une société, d'inspirer son organisation et d'y faire régner la justice ! Et pourtant, c'était et c'est encore la conception étroite de bien des catholiques, quand ils prétendent que la foi, affaire de conscience, ne doit pas sortir du for intérieur, et qu'elle n'a pas qualité pour perfectionner autre chose que notre âme. Par suite d'une formation intellectuelle que je n'ai pas à discuter ici, — et qui correspondait peut-être aux besoins ou aux tendances d'une autre époque, — les catholiques se sont longtemps préoccupés plutôt du bien et du mal moral que du bien et du mal social, des vices de l'homme plutôt que de ceux de la société. Ils ont orienté leur intelligence, leur volonté surtout vers l'étude et la pratique des devoirs personnels en vue du salut individuel. L'*Imitation de Jésus-Christ*, dont les athées eux-mêmes admirent la subtilité, la profondeur et l'éloquence, tend à nous isoler de tout l'univers pour nous mettre en la présence plus immédiate de Dieu seul. Loin de moi la pensée de déprécier cette œuvre sublime qui nous enseigne si bien à supporter les tristesses et à nous hausser au-dessus des vanités de la vie. Cette purification intérieure, cette solitude mortifiée, cet éloignement du monde, cet oubli des intérêts humains, cette indifférence des biens matériels, enfin ce renoncement à soi-même et aux autres, c'est sans doute le fondement premier, indispensable, indestructible de la vie chrétienne.

Mais est-ce toute la vie chrétienne ? Non certes, car le pur détachement n'est qu'un moyen, et il doit finir par nous rattacher très purement à tout ; il doit nous ramener — plus dévoués, plus compatissants, plus attentifs — à ces hommes, à ce monde, à ces soucis matériels, à ces devoirs civiques, à ces relations sociales au milieu desquels Dieu nous a fait naître et nous fait vivre. Nous n'avons le droit de sortir de cette solidarité naturelle que pour nous consacrer entièrement, — comme fait le moine, — à la solidarité spirituelle. Ce serait une fausse piété celle qui nous porterait à dire : « C'est bien assez de préparer mon propre salut, d'avoir le souci de mon âme ; ai-je la charge de mon frère ? » Cette indifférence égoïste était appelée par Bossuet le crime de Caïn, et je comprends cette pensée de Leibnitz : on ne peut aimer Dieu sans aimer les hommes ni aimer les hommes sans aimer Dieu. Ajoutons qu'on ne peut s'aimer soi-même — dans le sens noble et légitime du mot — sans aimer à la fois Dieu et les hommes.

Cette malformation de l'esprit, cette insuffisance de la piété chez les catholiques a trouvé sa base, sa formule et sa justification dans une certaine conception philosophique dont il est urgent de démasquer l'erreur et le péril.

Tant qu'on demeure placé au point des idées claires et des apparences sensibles, chaque homme parait indépendant. La justice consiste alors pour lui à ne pas empiéter sur le voisin, elle n'impose que des obligations négatives. C'est le principe directeur de tout notre droit, de notre économie politique et même de notre morale courante, si profondément individualistes. Mais, si l'on va au fond des choses, si l'on considère, dans sa réalité, le concours multiple de tout ce qui constitue la personnalité humaine, de tout ce qui est nécessaire au fonctionnement de la société, alors tout change, et nous comprenons que nous sommes pris dans un engrenage complexe, — fut-ce à notre insu et malgré nous. Nous ne pouvons plus nous regarder, abstraitement et statiquement, comme un être à part, comme un système clos et indépendant. Nous découvrons que, après Dieu, nous tenons des autres hommes, aussi bien dans le passé que dans le présent, la plus grande partie de ce que nous sommes, de ce que nous pensons, de ce que nous valons, de ce que nous aimons :

En nos veines coule un peu du sang d'innombrables ancêtres desquels — suivant la loi d'un atavisme mystérieux — dépendent en partie la forme, la santé, la vigueur de notre corps et même la puissance de notre intelligence, la rectitude de notre jugement et l'énergie de notre volonté.

Nous avons été formés à la vie, à la réflexion, à l'action par nos parents, par nos maîtres, par tous les hommes au contact desquels nous avons vécu, dont nous avons entendu la parole ou jugé les actes.

Qui délimitera la part de nos idées, de notre science, de notre art que — même inconsciemment — nous empruntons aux idées, à la science, à l'art de ceux, vivants ou morts, dont nous avons lu les livres ou contemplé les œuvres ? Qui démêlera ce qui, même dans notre imagination et dans nos rêves, est un reflet ou un souvenir d'autrui ? Nous ne pouvons rien créer, rien inventer, sans continuer une œuvre déjà commencée avant nous, sans profiter d'un travail préparatoire fait par d'innombrables précurseurs.

Même notre moralité, notre vertu ou, à l'inverse,

nos défauts et nos vices sont toujours d'une certaine façon déterminés ou encouragés par des conseils et des exemples venus du dehors. Enfin, à un point de vue plus matériel, vivant dans une société organisée, civilisée, nous jouissons à chaque instant du travail des autres hommes, de leurs talents, de leur expérience ; et chacun des objets dont nous usons pour l'agrément ou l'utilité de notre existence nous rappelle que nous ne sommes pas seuls au monde et que nous avons le plus impérieux, le plus incessant besoin du prochain.

Dès lors, entraînés par le dynamisme de la vie générale qui coule en nous, nous percevons clairement que notre devoir d'homme est de démêler cette solidarité naturelle et nécessaire sans laquelle nous ne serions et ne pourrions rien, pour lui conférer un caractère plus parfait de moralité en essayant de rendre librement aux autres ce que nous avons reçu d'eux. Et ainsi, la justice, la stricte justice, — qui ne peut d'ailleurs et ne doit pas être inscrite toute entière dans les Codes, — n'est plus cette petite vertu purement négative qui nous défend de gêner autrui, de marcher sur le pied du voisin ou de lui voler sa montre. Elle se fortifie, elle s'augmente et elle s'étend. Elle nous impose des dettes positives de dévouement social, civique ; elle nous pousse à des actes incessants pour améliorer les institutions ;

elle nous commande de travailler au bien de la généralité des hommes, non pas seulement dans le présent mais pour l'avenir; car préparer le bonheur des générations futures, c'est le seul moyen qui nous soit donné de rendre aux générations passées ce qu'elles ont fait pour nous.

Cette justice ne nous permet pas même de nous isoler et de vivre en rentier paisible; nos rentes, acquises par un travail honorable, sont, pour une partie, directement ou non, le fruit de la collaboration des autres hommes et elles deviennent ainsi, en quelque façon et dans de justes limites, des créances que, moralement, ils ont sur nous.

Mais — dira-t-on — cette dette est vague, anonyme, incertaine quant à son chiffre et quant à son bénéficiaire. Comment payer des créanciers innombrables, inconnus, vivants ou morts, dont visiblement et immédiatement on n'a jamais rien reçu? J'aime cette objection parce qu'elle démontre lumineusement l'insuffisance de la justice individuelle et classique. En effet, il ne s'agit pas de se libérer d'une obligation collective envers un seul, ce qui serait impossible, mais de rendre ce qu'on a reçu comme on l'a reçu: on a reçu de tous, on doit à tous; on a bénéficié du travail, de l'intelligence, de la fortune d'une foule, on doit à la foule — dans une certaine proportion — son intelligence, son travail et sa fortune; on a profité des institutions, on doit aider à améliorer les institutions; on a tiré avantage de l'organisation sociale, on doit travailler à perfectionner la société, pour qu'elle soit bienfaisante au plus grand nombre. Il s'agit d'infiniment plus et d'autre chose que de justice envers les individus. L'être social que nous sommes a des obligations déterminées envers les autres hommes en tant qu'ils sont réunis en société, et il n'a pas, en conscience, le droit de s'y soustraire, pas plus qu'il ne pourrait confondre le devoir de charité avec celui de justice et les remplacer, suivant son bon plaisir, l'un par l'autre. Cette matière si subtile comporte des règles et, si elle dépend toujours un peu de la délicatesse, si, presque toujours, elle est au-dessus des lois, du moins elle n'est pas laissée à l'arbitraire de chacun.

Je voudrais, pour éclairer ma pensée, vous donner un exemple qui, j'ai hâte de le dire, est forgé de toutes pièces par ma seule imagination :

Le patron d'une grande manufacture gagne, grâce à elle, 200,000 francs par an. Homme honnête et austère, il paie exactement à ses ouvriers le salaire convenu. Chrétien charitable, désireux d'acquérir des mérites aux yeux de Dieu, il donne à des œuvres pies indépendantes de son usine 150,000 francs, c'est-à-dire tout ce qui n'est pas indispensable à sa famille et à lui-même. Mais, homme d'affaires expérimenté et avisé, il veut retirer de son usine le maximum de bénéfices et il la dirige avec la seule préoccupation d'augmenter les rendements tout en diminuant les prix de revient. Non seulement il n'associe pas ses ouvriers à ses profits, mais encore il tâche d'amener par la concurrence, en vertu de la loi de l'offre et de la demande, la baisse des salaires sans diminuer les heures de travail. Il ne se préoccupe pas de laisser à son personnel le temps de mener la vie de famille, la vie de citoyen ; il ne fait aucun effort pour créer ou encourager chez lui des œuvres d'instruction, d'assistance, d'assurances. S'il emploie des femmes, il ne s'inquiète pas de leurs devoirs d'épouse ou de mère, en conflit peut-être avec le règlement trop rigoureux de l'atelier ; il leur impose des tabourets sans dossiers pour qu'elles ne puissent pas, en s'appuyant, travailler moins vite ; enfin, vous pouvez inventer d'autres hypothèses analogues démontrant encore l'indifférence que ce chef d'industrie témoigne à ses ouvriers.

D'après la conception individualiste, faussement dénommée libérale, ce patron remplit strictement tous ses devoirs de justice, et il s'acquitte magnifiquement de ses devoirs de charité qu'il outrepasse même.

Et pourtant, approuveriez-vous sa conduite ? Ses

ouvriers aimeraient-ils une religion qui inspirerait ou qui tolèrerait une semblable attitude ? Leur mauvaise opinion changerait-elle parce qu'on prouverait que leur patron donne tout le superflu de son gain aux pauvres ? Non certes ! et ils auraient raison. En effet, cette justice, cette charité ne sont pas bien entendues : cet homme, qui pratique le superflu, ne fait pas le nécessaire et, tout en étant d'un côté démesurément charitable, il est d'un autre côté scandaleusement injuste. Il oublie que les conventions explicites du contrat de travail ne donnent pas la notion complète des relations effectives entre l'employeur et l'employé ; que l'on doit souvent à l'ouvrier beaucoup plus qu'on n'a promis, beaucoup plus même qu'il ne réclame, s'il ignore son droit ou s'il y renonce, pressé par la faim.

Avant de faire la charité à des inconnus, avant de donner à des œuvres, il faut consacrer d'abord son argent à ceux qui, étant à votre service, travaillant pour vous, sont plus particulièrement placés sous votre responsabilité et confiés à votre protection. On leur doit d'organiser plus commodément, plus hygiéniquement l'usine, d'améliorer le règlement, de diminuer les exigences inutiles : le but de tous les efforts doit être que l'ouvrier, tout en ayant plus de bien-être, en disposant de plus de temps pour s'instruire, pour se moraliser, pour se reposer, gagne sa vie aussi largement que possible par la rémunération équitable de son travail.

Car, en somme, c'est une thèse socialiste contenant sa part de vérité, qu'il est honteux, qu'il est insupportable de recevoir à titre d'aumône ce qui pouvait être revendiqué au nom de la seule justice.

Ce multiple devoir se résume au fond dans l'obligation où nous sommes de nous appliquer à l'hygiène préventive, à la thérapeutique radicale des maladies de la société, au lieu de nous borner à cette médecine symptomatique des maux individuels qu'est souvent la charité, je veux dire l'aumône.

Je ne puis entrer davantage dans les détails de cette théorie. Ce serait dépasser les limites que je me suis imposées pour cet entretien où mon seul désir était, par une synthèse générale et par des considérations préparatoires, de vous démontrer que l'examen réfléchi de ces questions vitales s'impose à nos intelligences et à nos cœurs. C'est toute la science du bien social : elle étudie la répartition des richesses, les relations du capital et du travail, l'amélioration du sort des ouvriers, les institutions qui leur sont utiles ; elle cherche les moyens de créer et de maintenir l'équilibre entre les différentes classes d'hommes qui, destinés à s'aider fraternellement les uns les autres, ont pourtant des vocations et des destinées diverses ; elle s'attache aux œuvres d'assistance collective qui secourent à la fois de nombreuses individualités ; elle touche à presque toutes les sciences : à la théologie, à la philosophie, au droit, à l'économie politique, à l'histoire et à bien d'autres...

Mais elle n'est en somme que l'adaptation, que l'application raisonnée et raisonnable du catholicisme intégral et éternel aux problèmes sociaux du moment. Et son but est par dessus tout d'atteindre, autant qu'il est possible, le mal dans sa source, de corriger les machines vicieuses qui donnent des produits mauvais, plutôt que de multiplier les palliatifs et de réparer au fur et à mesure chacune de leurs malfaçons.

Ce serait cependant une grave erreur que de demander à cette science trop de précision. Elle ne peut pas nous dire exactement ce que nous devons aux autres hommes, ni distinguer absolument ce qui peut nous être demandé à titre de justice de ce qu'il dépend de nous seuls d'offrir à titre de charité. Ce sont là des fixations, des délimitations qu'il est impossible de rendre très claires, pour lesquelles il n'y a pas de critérium inflexible, précisément à cause du caractère complexe de notre dette envers la société et de la personnalité multiple de notre créancier.

Mais il y a, à ce vague et à cette incertitude, un

avantage immense au point de vue de la conscience personnelle. Nous évitons ainsi la suffisance pharisaïque de l'homme qui, très sûr d'avoir rempli tout son devoir, aurait la tentation de se croire quitte envers Dieu et envers le prochain. Autant, en principe, la justice est distincte de la charité, autant, en fait et pratiquement, la séparation nette entre les deux est irréalisable. Nous ne pouvons donc jamais être satisfaits complètement de nous-mêmes, ni certains d'avoir rempli en entier les obligations impérieuses qui nous incombaient. Ce doute, qui nous pousse, pour faire assez et assez bien, à faire toujours mieux et toujours davantage, est un stimulant et un précieux moyen de perfectionnement moral. Quand nous serons pénétrés de ces vérités au point de faire la charité comme si elle n'était que la stricte justice, au point de ne jamais pratiquer la justice sans la compléter et l'adoucir d'un peu de charité, combien — sans rien perdre de sa valeur morale — notre intervention sera plus efficace, mieux offerte et plus volontiers acceptée !

Ainsi, vous le voyez, nous avons repris, développé, enrichi les thèmes vrais du socialisme : d'abord, l'idée de la solidarité humaine, et, comme conséquence, la notion d'une justice sociale immanente très supérieure à nos lois positives et exigeant de nous infiniment plus que nos codes ; enfin, la création d'une science progressive de l'équilibre public, des relations entre le capital et le travail, destinée à découvrir et à coordonner les règles du progrès dans notre société démocratique.

Mais, si nous sommes d'accord sur certains points avec les socialistes, si nous reconnaissons même qu'ils nous ont devancés parfois, nous n'entendons pas rendre hommage à l'ensemble de leur doctrine ni adopter leurs erreurs. Nous prétendons, au contraire, que les parcelles de vérité mêlées à leurs théories sont des emprunts inavoués — et peut-être inconscients — au catholicisme qui depuis son origine a prêché la justice et qui, à la suite de Jésus-Christ, a apporté la bonté et la pitié au monde. Sur ce terrain, l'Eglise a précédé de plusieurs siècles tous les docteurs et les apôtres modernes. Et nous pouvons, sans honte ni scrupule, reprendre au socialisme tout ce que nous découvrons en lui de bienfaisant et de juste, parce que tout cela est d'inspiration chrétienne et par conséquent bien à nous.

Non seulement nous pouvons faire tout ce que le socialisme fait de bon, nous pouvons dire tout ce qu'il dit de juste, nous pouvons blâmer tout ce qu'il blâme de mauvais, mais nous pouvons seuls apporter aux hommes cette charité chrétienne qui est inimitable parce qu'elle vient de Dieu. Je n'aurais pas voulu finir cette leçon où j'ai parlé si longtemps de justice sans faire l'éloge de la véritable charité et sans décrire son rôle immense.

Le postulat socialiste, c'est que, grâce à la science, grâce à l'effort incessant des générations, tous les hommes posséderont un jour un bonheur complet et égal. L'affirmation chrétienne, la seule évidente, c'est que, quoi qu'on fasse, si bien organisée que soit la société et si perfectionnés que soient les hommes, il y aura toujours ici-bas des pauvres, des malades, des malheureux, des désespérés ; c'est qu'il faudra toujours, pour adoucir ces misères méritées ou non, des dévouements et des sacrifices qu'on ne pourra exiger de personne au nom de la justice, même la plus rigoureuse. Le « don de soi » qu'on obtiendra de quelques âmes héroïques, on devra le leur demander, dans le sens le plus haut de cette formule, « pour l'amour de Dieu ». Or c'est là un domaine qui — par définition — échappe au socialisme athée.

Mais ce n'est pas tout : il y aura toujours aussi sur cette terre des âmes qui souffriront — non plus des seules misères matérielles — mais de la médiocrité, de la vanité, de la brièveté de tout ; des cœurs qui auront soif d'infini, qui aspireront aux choses éternelles et pour lesquels l'idéal socialiste — avec ses voluptés brutales et ses jouissances physiques — sera singulièrement dérisoire. Ceux-là, riches ou pauvres mais frères en détresse, ne seront apaisés que par une foi et des espérances surnaturelles, parce que le royaume des âmes n'est pas de ce monde. La charité la plus haute, la plus efficace que nous puissions leur faire, — sans crainte d'une concurrence socialiste, — c'est le don de Dieu, du Dieu infiniment miséricordieux et bon, qui, par la promesse d'une autre vie, leur donnera la grâce et la force de supporter leur passage en ce monde.

Les catholiques — il faut avoir le courage de le leur reprocher — n'ont pas toujours travaillé assez au règne de la justice sur la terre et au bien-être matériel des humbles. C'est une faute et ils l'expient.

Mais les socialistes nient l'âme et méconnaissent Dieu ! Ils sont donc atteints d'une impuissance radicale à soulager vraiment les misérables, à consoler les désespérés, à expliquer la vie humaine. Tant qu'ils n'auront pas supprimé les accidents imprévus, la maladie et la mort, tant qu'ils n'auront pas arraché de toutes les âmes le besoin d'infini, l'aspiration vers l'éternel, il y aura, — même dans leur cité idéale de l'avenir. — de cruelles déceptions et d'inguérissables souffrances ! Et c'est ainsi que le socialisme, qui laisse éclater sa faiblesse à tous les yeux, s'arrêtera dans la conquête des hommes.

Je ne puis mieux me résumer qu'en citant les paroles que Victor Hugo prononçait à la Chambre des députés en 1848 — au moment d'un débat sur l'enseignement religieux dont alors il se faisait le défenseur : « Il y a un malheur dans notre temps, je dirais presque qu'il n'y a qu'un malheur, c'est une certaine tendance à tout mettre dans cette vie........ En donnant à l'homme pour fin et pour but la vie terrestre, la vie matérielle, on aggrave toutes les misères par la négation qui est au bout. On ajoute à l'accablement des malheureux le poids insupportable du néant ; et de ce qui n'est que la souffrance, c'est-à-dire une loi de Dieu, on fait le désespoir...... Je suis de ceux qui veulent avec une inexprimable ardeur et par tous les moyens possibles améliorer dans cette vie le sort matériel de ceux qui souffrent, mais je n'oublie pas que la première des améliorations, c'est de leur donner l'espérance. »

Seul le catholicisme peut et doit réaliser pleinement ce double programme : d'une part, améliorer les institutions et les hommes, apporter aux peuples la justice, donner dès ce monde le plus de bonheur possible — même matériel — à tous. Et en cela déjà, il dépasse le socialisme qui n'est que sa dangereuse contrefaçon.

Mais, d'autre part, si — comme l'estimait Victor Hugo — il y a plus à faire, dans l'intérêt de l'humanité, que d'augmenter son bien-être et ses jouissances physiques, seul le catholicisme peut et veut y ajouter cette foi et cette espérance surnaturelles qui, après toute la justice et au-dessus d'elle, demeureront éternellement le domaine privilégié de la charité chrétienne.

Les catholiques — inspirés par Dieu, fidèles à leurs traditions, amis du progrès — devraient donc jouer dans notre société moderne le même rôle bienfaisant et prépondérant qui était le leur dans les sociétés anciennes. Ils n'ont rien qui les empêche d'aller au peuple, de lui être utile et de lui plaire ; rien qui les écarte des nouveaux problèmes de la démocratie ; rien qui doive les rendre suspects à la foule ; rien qui leur défende d'aimer la science, la civilisation ; rien qui les ramène en arrière, qui les immobilise dans le passé ; rien surtout qui leur ferme l'avenir !

Et s'ils se laissent devancer, remplacer, suspecter, mépriser ; s'ils acceptent ou s'ils méritent que leurs ennemis les éloignent du peuple et les chassent du gouvernement de leur pays, qu'ils n'en veuillent pas à Dieu, qu'ils ne reprochent rien à l'Église, qu'ils ne blâment pas le Pape, qu'ils ne s'en prennent même pas à des adversaires qui font leur métier ; mais qu'ils reconnaissent leurs propres fautes, qu'ils se corrigent, et que, enfin disciplinés et unis, ils se mettent à l'œuvre avec intelligence, courage, méthode et persévérance.

C. CHARLES COMBES.

LA PROTECTION LÉGALE ET LA LIBERTÉ DU TRAVAIL

MESDAMES ET MESSIEURS,

Si le bonheur des classes laborieuses devait se mesurer à la sollicitude qui leur est témoignée par le législateur, on pourrait assurément penser que les ouvriers de nos jours sont bien près de l'âge d'or. Ils sont la préoccupation dominante, — j'allais dire les enfants gâtés, — des Parlements dans tous les pays ; partout la loi s'ingénie à aider à l'amélioration de leur situation sociale par des interventions multiples et variées.

On leur a, par exemple, donné le moyen de s'organiser en syndicats professionnels, grâce à des lois libérales, qui ont été pour les travailleurs des chartes efficaces d'affranchissement économique.

Le salaire, cet élément si essentiel de la vie ouvrière, a également été l'objet d'une protection légale destinée soit à mettre fin à divers abus, soit à assurer à l'ouvrier une jouissance plus complète de la rémunération de son travail.

De même encore, le législateur a pris soin de réglementer le travail lui-même, de façon plus ou moins étroite, selon les pays, soit au point de vue de sa durée, soit au point de vue des conditions d'hygiène ou de sécurité dans lesquelles il est exécuté.

Puis, pour garantir l'ouvrier contre les conséquences souvent douloureuses des risques auxquels il est exposé, on a légiféré sur les caisses de secours, sur les assurances diverses en matière d'accidents, de maladie, de vieillesse ou de chômage involontaire. Enfin, des lois ont été votées touchant les institutions d'assistance ou de prévoyance, telles que les habitations à bon marché ou les caisses d'épargne, par exemple, qui, sans être organisées uniquement en faveur des classes ouvrières, ont été pourtant réglementées en bien des points pour leur venir en aide dans le rude combat de la vie.

Ainsi, aussi bien à l'atelier qu'en dehors de l'atelier, il n'est pour ainsi dire pas de manifestation de l'activité professionnelle ou sociale de l'ouvrier, à laquelle le législateur ait cru pouvoir demeurer indifférent. Je n'entends pas dire que toutes ces interventions législatives méritent d'être approuvées sans réserve ; il en est, au contraire, certaines, que je crois ou regrettables, ou excessives, ou mal conçues. Mais, sans entrer dans la critique, je me borne simplement à retenir, pour le moment, le fait même de cette intervention protectrice et réglementaire de la loi, qui s'est manifestée avec une abondance telle que la collection des lois ouvrières constitue aujourd'hui des recueils respectables de textes, et que certains esprits croient même le moment venu de procéder à leur codification, comme on a fait autrefois pour les dispositions du droit civil, du droit commercial ou du droit criminel.

Cette attention, cette sympathie, que l'opinion publique en général, et plus spécialement les pouvoirs publics et les Parlements, témoignent aux travailleurs, proviennent, en grande partie, d'une réaction plus ou moins consciente contre l'ancienne théorie d'après laquelle le travail ne serait qu'une marchandise subissant, comme toute marchandise, la loi de l'offre et de la demande avec ses conséquences heureuses ou malheureuses, avec ses risques bons ou mauvais pour l'une ou l'autre des parties en présence, acheteur et vendeur du travail. On a reconnu aujourd'hui que le travail n'est précisément pas une marchandise comme une autre ; on a compris que c'est la mise en œuvre des forces intellectuelles et physiques de l'ouvrier, l'exploitation de la personne même de l'homme dans son activité d'être pensant, souffrant parfois, et aspirant à des conditions d'existence plus douces, et que les contrats relatifs à cette marchandise d'un caractère spécial doivent être inspirés et dominés par quelque chose de moins brutal que l'antique *do ut des* des Romains.

Cette conception nouvelle plus humanitaire du contrat de travail a évidemment contribué largement à susciter en faveur des ouvriers les interventions législatives ; elle ne les explique pourtant pas entièrement, et il faut savoir reconnaître que d'autres préoccupations moins pures sont venues s'y mêler. Dans une démocratie comme la nôtre, basée sur le suffrage universel, la classe ouvrière se trouve constituer naturellement par son nombre une force considérable, dont le concours électoral est ardemment recherché par les hommes politiques. L'amitié de cette clientèle de travailleurs ne va malheureusement pas toujours aux partis les plus sages, les plus respectueux du grand principe de liberté égale pour tous, ni les plus soucieux de progrès réfléchi ; elle préfère trop souvent se donner à ceux qui mettent leur complaisance à flatter l'espoir de réalisations rapides et aussi complètes que possible des revendications ouvrières, sans s'attarder au souci de la mesure. Il ne faut pas s'étonner dès lors de voir déposer presque chaque jour sur les bureaux des deux Chambres une foule de projets ou de propositions de lois, qui témoignent parfois de plus d'habileté politique que de sagesse économique, qui développent en tout cas de plus en plus chez la masse du peuple la tendance à réclamer à tout propos l'intervention de la loi, et qui, comme le disait si fortement M. Ribot, dans un *récent* discours prononcé à Marseille (4 mars 1902), présentent le danger grave de donner aux ouvriers des illusions sur la toute-puissance de l'Etat pour améliorer leur condition.

Quoi qu'il en soit des motifs, qui expliquent ou justifient les interventions législatives dans le domaine social, ce qu'il importe de retenir, c'est que ces interventions deviennent de plus en plus nombreuses d'année en année, et que la tendance à la réglementation légale du travail s'accentue chaque jour davantage chez presque toutes les nations. Est-ce un bien ? est-ce un mal? Je ne pense pas qu'il soit possible de faire une réponse uniforme pour tous les cas. J'estime au contraire qu'un certain éclectisme s'impose ici ; condamner d'emblée toute intervention légale, au nom du principe libéral, me paraît aussi inadmissible que de prétendre les approuver toutes au nom du principe socialiste. Dans la solution des questions ouvrières mille considérations entrent en jeu : il faut tenir compte des faits, des intérêts en présence, particuliers et généraux, de la situation respective des parties intéressées, de la répercussion qu'aurait en d'autres domaines telle ou telle solution adoptée, etc... Est-il possible de faire état de ces éléments d'appréciation variés et complexes, si notre jugement est d'avance déterminé par le *credo* d'un principe doctrinal? En ces délicates matières, il faut se garder d'être trop absolu. Sans doute, il est permis de placer son idéal dans telle doctrine économique plutôt que dans telle autre ; mais il faut également être assez dégagé de parti-pris pour savoir faire, à l'occasion, le sacrifice de ses préférences théoriques, lorsque, mis en présence des contingences et des faits, on reconnaît que la meilleure solution est fournie par ailleurs.

Ces idées générales exposées, je vous demande la permission d'entrer, sans plus ample préambule, dans le cœur même du sujet, qui doit faire l'objet de cette leçon : « La protection légale et la liberté du travail. » C'est là d'ailleurs un sujet très vaste, dont je ne pourrai que toucher les sommets, en m'attachant plus spécialement à la question de la durée de la journée de travail, car c'est là en définitive une de celles qui intéressent le plus l'ouvrier, la famille, la société et la production industrielle.

⁂

La Révolution française, en supprimant les anciennes corporations sans les remplacer par aucune organisation professionnelle, a, vous le savez, consacré dans notre pays le régime de la liberté du travail et de l'industrie basé sur le principe de la concurrence individuelle. Ce nouveau régime s'était antérieurement déjà implanté en Angleterre sous l'influence des transformations de la production industrielle, et surtout grâce à l'action pénétrante des idées économiques qui s'étaient fait jour dans la seconde moitié du XVIIIe siècle. Ces exemples, nos armes victorieuses aidant à l'infiltration de nos idées dans l'Europe conquise, enfin les tendances générales de l'époque, devraient assurer la rapide propagation du principe nouveau chez la plupart des autres peuples.

Désormais, patrons et ouvriers se trouvèrent en présence les uns des autres à l'état d'individualités isolées : le patron avec la force morale et matérielle que lui donnaient sa qualité de propriétaire de l'atelier, c'est-à-dire de dispensateur du travail, et la richesse acquise lui permettant de discuter et même d'imposer les conditions du travail ; — les ouvriers, n'ayant au contraire l'appui ni de la propriété ni de l'épargne, mis en infériorité par leur besoin de vivre et par la concurrence de leur nombre, et subissant par conséquent plus qu'ils ne les débattaient les conditions du contrat de travail.

Etant donné cette situation respective des employeurs et des employés les uns à l'égard des autres, il eut été bien surprenant que des abus ne se produisissent pas ; et, comme il fallait s'y attendre, ce fut à l'endroit des plus faibles parmi les travailleurs, c'est-à-dire à l'égard des enfants et des femmes, qu'ils se manifestèrent surtout.

Un auteur qui écrivait en 1840, M. Villermé, nous a laissé à ce sujet un tableau désolant de ce qui se passait de son temps (1). Parlant notamment des enfants, qui étaient employés en grand nombre dans les manufactures de laine et de coton, il s'exprimait ainsi : « ces deux industries n'exigent guère « de la part des enfants qu'une simple surveillance ; « mais pour tous la fatigue résulte d'une station « beaucoup trop prolongée. Ils restent 16 à 17 heures « debout chaque jour, dont 13 au moins dans une « pièce fermée sans presque changer de place ou « d'attitude. Ce n'est plus là un travail, une tâche ; « c'est une torture. Et on l'inflige à des enfants de « 6 à 8 ans, mal nourries, mal vêtus, obligés de « parcourir dès cinq heures du matin la longue dis« tance, qui les sépare de leurs ateliers, et qu'a« chève d'épuiser le soir leur retour de ces mêmes « ateliers. »

Pour mettre obstacle à une pareille exploitation de l'enfance, les ouvriers alors inorganisés étaient impuissants ; bien peu d'ailleurs songeaient à protester

(1) Villermé, *Tableau de l'état physique et moral des ouvriers.*

contre un état de choses, duquel bon nombre de familles ouvrières tiraient un appoint de ressources, mais dont elles partageaient également avec les patrons la grave responsabilité morale.

L'intervention protectrice du législateur apparaissait comme le seul remède efficace. L'archevêque de Rouen réclamait « une loi de fer pour empêcher de tuer les enfants par le travail »; et Villermé concluait sa navrante enquête, en disant que « le remède au « dépérissement des enfants dans les manufactures, « à l'abus homicide qu'on en fait, ne saurait se trou- « ver que dans une loi ou un règlement, qui fixerait, « d'après l'âge de ces ouvriers, un maximum à la « durée journalière du travail ».

La France d'ailleurs n'a pas eu le triste monopole de cette abusive exploitation du travail des enfants. Chaque pays a, de ce chef, dans son histoire économique, une page plus ou moins sombre, suivant la dose plus ou moins grande d'égoïsme, que comporte le caractère national.

En Belgique, par exemple, une Commission d'enquête instituée en 1886 (il y a donc à peine seize ans de cela) constatait que des enfant âgés de dix ans travaillaient de 15 à 18 heures par jour, que même des enfants de six et de cinq ans était employés à décoteler le tabac, et que des jeunes filles et des femmes travaillaient au fond des mines pendant

12 à 15 heures par jour dans des conditions lamentables d'hygiène et de moralité. Pour excuser de pareils excès, un industriel entendu par la Commission d'enquête belge se bornait à déclarer cyniquement qu'il ne faut pas perdre de vue « que la science industrielle consiste à obtenir d'un être humain la plus « grande somme possible de travail utile, en le rému-« nérant au taux le plus bas (1) ».

Mais c'est en Angleterre surtout que l'exploitation industrielle de l'enfance ouvrière à été la plus scandaleuse ; on croit véritablement rêver, quand on lit le récit de ce qui passait dans ce pays à la fin du XVIIIe siècle et au commencement du XIXe (2). On y voit des enfants de neuf ans employés au tissage pendant quatorze, quinze et seize heures. On cite même des cas où le travail durait vingt-quatre heures. Ces pauvres petits êtres n'avaient pas le dimanche pour se reposer ; ce jour-là, ils nettoyaient l'atelier ou les machines. Pendant le travail de nuit qu'on exigeait d'eux, on les frappait pour les tenir éveillés. Leur nourriture était grossière, leurs salaires dérisoires ; et quand on soupçonnait ces malheureux de vouloir s'enfuir pour échapper à cet enfer,

(1) *Enquête de la Commission du travail belge*, vol. I, réponse 2220.

(2) Voy Bry. *Histoire économique et industrielle de l'Angleterre*, n°s 386 et suivants.

on leur mettait les fers aux pieds. Le travail dans les mines n'était pas moins cruellement brutal : des enfants de huit ans étaient attelés à des berlines pleines de houille; les femmes et les filles à demi-vêtues maniaient le pic au fond des galeries humides, ou bien étaient employées à monter sur leurs épaules les paniers gonflés de charbon par d'interminables échelles installées dans les puits.

On comprend que de pareils excès aient appelé une législation protectrice, surtout à une époque où les masses ouvrières étaient encore inorganisées ou insuffisamment organisées et en tous cas impuissantes à défendre leurs enfants contre les abus, dont ils étaient victimes ; et il faut croire que le mal était bien profond en Angleterre particulièrement, quand on voit le législateur de ce pays obligé d'intervenir par quinze lois successives de 1802 à 1895, et quand on constate que jusque vers 1850 la plupart de ses prescriptions protectrices ont été tournées ou violées et sont demeurées souvent inefficaces.

En France, l'intervention protectrice du législateur s'est manifestée avec une moindre fréquence.

La première loi votée dans notre pays sur le travail des enfants fut celle du 22 mars 1841. Elle n'autorisait l'admission des enfants dans les manufactures, usines et ateliers qu'à partir de huit ans, et décidait que de huit à douze ans la durée de la journée de travail ne pourrait dépasser 8 heures divisées par des repos.

En 1874 une nouvelle loi du 3 juin réalise de nouveaux progrès ; l'âge d'admission au travail est relevé à douze ans ; le travail de nuit est interdit aux enfants jusqu'à seize ans et aux filles mineures jusqu'à vingt-un ans ; et en même temps des mesures étaient prescrites pour assurer à l'avenir l'hygiène et la sécurité du travail.

Enfin une loi du 2 novembre 1892, complétée par une autre plus récente du 30 mars 1900, est venue accentuer encore la protection des enfants, des femmes et des filles mineures employés dans les établissements industriels. Je n'entrerai pas dans le détail de cette réglementation ; il me suffira d'en indiquer les traits essentiels pour vous en faire saisir le caractère.

Désormais l'âge d'admission des enfants dans les établissements industriels est fixé, sauf certaines exceptions, à treize ans. Les jeunes ouvriers des deux sexes, mineurs de dix-huit ans, et les femmes ne peuvent pas être employés à un travail effectif de plus de onze heures par jour, coupées par un ou plusieurs repos d'une heure au moins au total, et encore la durée du travail journalier ne sera-t-elle plus que de 10 heures 1/2 à partir du 31 mars 1902, et de 10 heures à partir du 31 mars 1904. Le travail de nuit est prohibé en principe. Un jour de repos absolu doit être accordé par semaine. Le travail souterrain dans les mines est défendu aux filles et aux femmes. Des prescriptions particulières sont édictées pour assurer la sécurité et l'hygiène du travail; et enfin un service d'inspection est chargé de veiller à l'observation de la loi.

Les motifs, qui ont poussé le législateur à intervenir dans cet ordre d'idées, sont faciles à comprendre. Il a voulu protéger les enfants, les mineurs, garçons ou filles, contre la faiblesse de leur volonté propre, contre leur inexpérience, contre leur incapacité de résistance à une exploitation abusive par des patrons inhumains ou par des parents avides de tirer un gain de leur travail. En les protégeant contre ce double danger, la loi remplit donc ici un devoir de tutelle absolument légitime. Quel que soit le respect qu'on professe pour le principe de liberté, l'expérience a montré qu'il n'aboutit sur ce terrain qu'à favoriser des abus scandaleux. La loi, par son intervention, accomplit en outre une œuvre d'intérêt public, car ses dispositions protectrices garantissent la race et la famille contre l'étiolement physique provenant d'un travail excessif ou prématuré, et contre la démoralisation qui peut résulter de certaines conditions défectueuses de travail. Ce sont là des vérités, qui ne sont plus aujourd'hui contestées, et tout le monde s'accorde pour reconnaître que l'intervention de la loi en faveur des enfants et des filles mineures est moins une atteinte au principe de la liberté du travail et des conventions, qu'un moyen de rétablir au profit de ces jeunes travailleurs l'équilibre entre l'incomplète liberté de discussion, qu'ils peuvent opposer à leur employeur, et la liberté intégrale de ce dernier.

*
* *

L'accord est loin d'être aussi parfait entre les économistes sur la question de la réglementation du travail des femmes adultes et des hommes adultes. Le problème est en effet des plus délicats et mérite que nous nous y arrêtions un instant, en envisageant successivement chacune de ces deux catégories de travailleurs.

Les adversaires de la protection légale du travail des femmes adultes font valoir une série d'objections, qui ne sont pas sans valeur, contre l'idée interventionniste. En limitant la durée du travail de la femme, disent-ils, est-ce qu'on ne va pas porter atteinte au principe de la liberté du travail en la personne d'un être majeur, capable de jugement et de volonté ? Est-ce que d'autre part, lorsque le même atelier occupe des ouvriers et des ouvrières, la limitation légale du travail de ces dernières n'aura pas une répercussion sur la durée du travail des premiers, à raison de l'intime pénétration et de la dépendance réciproque des tâches accomplies par les uns et les autres? Cette répercussion ne jettera-t-elle pas un trouble dans la production industrielle? Et enfin, en posant des limites à la durée de la journée de travail de la femme, ne va-t-on pas être obligé par contre-coup de lui assurer un salaire suffisant, ce qui amènera à se poser à son égard la grave question du minimum de salaire?

A l'inverse, les partisans de l'intervention législative répondent, non sans justesse, que la femme est un être dont la nature physique comporte une certaine délicatesse étrangère au tempérament masculin; que le législateur a par suite le devoir de tenir compte de cette particularité, et de protéger la femme contre ses propres entraînements pouvant la conduire à fournir un travail excessif; et que d'ailleurs un intérêt supérieur de conservation sociale justifie l'intervention tutélaire de la loi, car en protégeant la femme on protège la mère, et l'on garantit par là-même l'avenir de la race.

On voit combien la question est difficile à résoudre, car il faut reconnaître que les arguments, que l'on fait valoir dans chaque camp, contiennent tous une part de vérité. On comprend donc qu'il soit permis d'hésiter sur le parti à prendre en cette matière, et nous ne nous étonnons pas que six Etats seulement, à notre connaissance, la France, l'Allemagne, l'Autriche, la Grande-Bretagne, les Pays-Bas, la Suisse, et aussi quelques Etats des Etats-Unis d'Amérique, aient cru devoir limiter légalement la durée du travail des femmes adultes, alors que tous les pays, à l'exception de l'Espagne, ont légiféré sur la durée du travail des filles mineures.

Mais à côté de la question générale de la durée de la journée du travail de la femme, il est des questions particulières, qui, intéressent spécialement le travail de l'ouvrière, et relativement auxquelles l'intervention de la loi semble absolument justifiée soit par des considérations de moralité, soit par des préoccupations d'hygiène physique, soit par le souci des nécessités de la famille. A ce point de vue, je ne pense pas qu'on puisse ne pas approuver les prescriptions légales qui interdisent à la femme le travail de nuit et le travail souterrain, ou qui prohibent le travail de la mère pendant un certain temps après ses couches, ou qui obligent à mettre des sièges à la disposition des vendeuses dans les magasins, ni qu'on puisse blâmer par exemple les lois suisse et espagnole d'obliger les industriels à laisser à leurs ouvrières un temps de repos spécial au cours de la journée de travail, pour pouvoir allaiter leur enfant ou soigner leur ménage.

Je serais même plutôt porter à exprimer à cet égard le regret, que les industriels n'aient pas partout pris eux-mêmes l'initiativé de ces mesures humanitaires, et qu'ils aient mis la loi dans l'obligation de suppléer à leur inertie.

* * *

La question de la protection légale du travail des ouvriers hommes adultes se pose dans des termes beaucoup plus simples, ce qui n'empêche pas, d'ailleurs, la dispute d'être très vive entre les diverses écoles. En laissant de côté certaines difficultés latérales, le problème se résume en ceci : « La loi doit-elle ou ne doit-elle pas intervenir pour limiter la durée de la journée de travail des ouvriers adultes ? »

Les socialistes, admirateurs zélés du principe de l'intervention de l'Etat, signalent, avec une certaine complaisance, des faits d'exploitation abusive de l'ouvrier qui, s'ils ne sont pas aussi révoltants que ceux dont nous avons vu l'enfance être victime, n'en sont pas moins blâmables. Ils nous montrent, par exemple (1), les cochers d'omnibus de Paris travaillant en moyenne dix-sept heures par jour, il y a quelques années encore, — les aiguilleurs de che-

(1) Voy. Pelloutier, *La Vie ouvrière en France*, 1 vol. Paris, 1900.

mins de fer astreints, pendant quinze et seize heures, à un travail des plus absorbants, doublé d'une énorme responsabilité, — ou encore des ouvriers d'une grande raffinerie de Saint-Ouen occupés à la clarification du sucre pendant des journées de onze heures, dans des salles remplies par la fumée âcre et étouffante du noir animal, et recevant, pour ce labeur, un salaire de 40 centimes par heure, etc.....

Tout cela peut être exact; mais ce sont là des faits particuliers, plus ou moins nombreux sans doute, et qu'on aurait tort de vouloir généraliser.

Si l'on ouvre, en effet, l'enquête, qui a été faite en 1893 par l'Office du travail du Ministère du Commerce, sur les salaires et la durée du travail dans l'industrie française, on y relève les constatations suivantes (1) :

Parmi les ouvriers étudiés dans le département de la Seine et en province

27 o/o	travaillaient	8 heures et moins	par jour,
8,5 o/o	—	8 h. 1/2 ou 9 h.	—
44 o/o	—	9 h. 1/2 ou 10 h.	—
30,5 o/o	—	10 h. 1/2 ou 11 h.	—
14 o/o	—	12 h.	—
0,5 o/o	—	plus de 12 h.	—

Et si l'on entre dans le détail de l'enquête, on

(1) Tome IV, pp. 62 et 98.

voit que les ouvriers de l'industrie textile sont ceux qui accomplissent la plus longue durée de travail, avec une journée moyenne de 11 heures 1/2, tandis que les ouvriers des mines de charbon, qui mènent pourtant grand tapage dans leurs revendications, font une journée moyenne de 9 heures 1/4 seulement.

Ces quelques indications de statistique nous montrent en conséquence que, sans méconnaître la réalité de certaines situations douloureuses, la condition de l'ouvrier adulte envisagée dans son ensemble au point de vue spécial qui nous occupe, n'est pas aussi rigoureuse que pourraient le faire croire certaines généralisations trop hâtives ou quelque peu sentimentales.

Quoiqu'il en soit, on ne peut nier que le vent ne soit, à l'heure actuelle, favorable à la théorie de la réglementation légale du travail des adultes.

Depuis la fameuse conférence internationale réunie en 1890 à Berlin, sur l'invitation de l'Empereur d'Allemagne et devant laquelle M. Jules Simon faisait toutes ses réserves sur la question, celle-ci a fait l'objet de plusieurs importants débats, qui ont tourné à l'avantage du système interventionniste.

Ce fut d'abord le « Congrès international de la protection ouvrière », tenu à Zürich en août 1897, dont un vote déclara « absolument nécessaire » l'introduction d'une journée de travail légale et de durée maxima pour tous les travailleurs et employés de l'industrie, des métiers, du commerce, des entreprises de transport et dans la grande exploitation agricole aussi bien que dans les entreprises de l'Etat ou des communes. La même résolution demandait en outre aux gouvernements et aux législateurs de tendre à introduire le principe de la journée de huit heures.

La même année, au mois de septembre, la question était également abordée par le « Congrès de la législation du travail », tenu à Bruxelles, et y donnait lieu à de vifs débats, sans que pourtant le Congrès manifestât son sentiment par un vote, que son règlement lui défendait d'exprimer.

Mais ce fut surtout au « Congrès international pour la protection légale des travailleurs », tenu à Paris en juillet 1900, que les tendances interventionnistes se firent jour d'une façon particulièrement accentuée. M. Dron, député, y exprimait aux applaudissements de l'Assemblée le vœu que « tous les « Etats règlementent par voie législative la durée de « la journée de travail dans les usines, manufac- « tures et ateliers industriels, pour les hommes « adultes comme pour les femmes et les enfants. » La Confédération générale du Travail des syndicats et fédérations ouvrières de France, y faisait également donner lecture d'un projet de résolution tendant à l'application de la loi de huit heures de travail pour tous, considérant que ce n'était pas là d'ailleurs un maximum définitif, mais uniquement une revendication actuelle susceptible d'être modifiée par les progrès de l'évolution vers une société future mieux organisée.

Ce Congrès a été un hymne en faveur de la limitation légale de la journée de travail ; et le Président, cherchant à caractériser l'état d'esprit dominant de l'Assemblée sur cette question, pouvait clore la discussion par ces paroles, qui méritent d'être retenues : « Je constate qu'à la presque unanimité les orateurs se sont prononcés pour la réglementation du travail des hommes adultes et pour la fixation d'une journée maxima de onze heures, avec la perspective de réduire cette durée à dix heures, dans un délai pas trop long. »

Les législateurs des différents pays n'ont jusqu'à présent répondu qu'assez médiocrement à ces *desiderata*.

Si je suis bien informé, la Belgique, le Danemark, l'Italie, le Luxembourg, la Norvège, les Pays-Bas, la Suède, la Hongrie, ne fixent pas de limite légale à la durée de la journée de travail des ouvriers adultes.

En Allemagne la durée du travail journalier de ces ouvriers est libre en principe ; mais le Conseil fédéral de l'Empire a la faculté de la limiter dans les industries susceptibles de compromettre la santé. La Grande-Bretagne pratique un système à peu près analogue. En Suisse, la durée légale de la journée de travail est limitée à onze heures; en Russie, à onze heures et demie dans la grande industrie; en Autriche à dix heures dans les mines et à onze heures dans la grande industrie. Quelques Etats plus avancés des Etats-Unis ont fixé la durée de la journée de travail des ouvriers employés par l'Etat, les municipalités ou les compagnies de chemins de fer, à huit, neuf ou dix heures, selon les cas.

En France, la journée de travail des ouvriers adultes a été limitée à douze heures par une loi déjà vieille, qui date de 1848, qui est longtemps demeurée lettre morte, et à l'observation de laquelle, — par une étrange ironie des choses, — on veille scrupuleusement depuis que les mœurs ont généralisé en fait la journée de onze heures. Cette loi est d'ailleurs aujourd'hui complétée par celle du 30 mars 1900, dont j'ai déjà parlé, qui fixe le maximum légal à onze heures, avec abaissement progressif à dix heures et demie, puis à dix heures, dans un certain délai de temps, quand les ouvriers adultes sont occupés dans un même local que des enfants, des adolescents ou des femmes.

Vous voudrez bien, Mesdames et Messieurs, me

pardonner l'analyse aride de la législation, que j'ai du imposer à votre attention. Mais vous avez compris combien est grave la question qui nous occupe. Vous avez saisi que l'enjeu de la lutte entre partisans et adversaires de l'intervention de l'Etat, c'était le principe même de liberté ; et vous penserez sans doute avec moi que, pour se faire une opinion sur ce problème, il importe avant tout de connaître non seulement les tendances générales des esprits à cet égard, mais aussi la mesure dans laquelle la protection légale a été réalisée. Nous pouvons donc nous demander maintenant ce qu'il convient de penser de ces interventions législatives et de ces tendances contemporaines ?

Je vous avouerai d'abord que je ne trouve pas bien compromettantes pour le principe de liberté les lois qui fixent à onze heures ou à douze heures la durée de la journée de travail des ouvriers adultes. Le médecin, qui me prescrirait deux heures de marche par jour pour ma santé, alors que j'ai l'habitude de les faire de mon plein gré, ne paraîtra nullement me soumettre à un régime de contrainte. Eh bien, la loi qui vient dire aux ouvriers : « Vous ne travaillerez pas plus de onze ou douze heures par jour », alors qu'en fait et par suite d'accords librement établis leur journée de travail n'excède pas onze heures, cette loi-là ressemble un peu au médecin dont je parle ; il ne viendra à l'esprit de personne de la tenir pour attentatoire de la liberté, et elle semblera plutôt prodiguer aux travailleurs une sollicitude un peu naïve, en ce qu'elle ne fait que consacrer et reconnaître une pratique acquise. C'est en cette naïveté apparente que consistera pourtant le mérite de cette loi, car, ainsi que le disait au congrès de Bruxelles M. Vanlaër, professeur à la Faculté libre de Lille, « l'intervention légale ne devient réellement utile que quand elle est devenue en fait presque inutile. L'Etat doit suivre l'opinion du pays et non la devancer ; constater les courants et non les créer ; consacrer les résultats et non les chercher : la loi ne doit être que la consécration de la coutume ».

Tout le monde, il est vrai, ne raisonne pas ainsi ; et si des interventionnistes prudents se contentent de réductions légales successives et progressives de la durée du travail, comme l'a fait notre loi française de 1900, la masse des ouvriers entend au contraire non seulement que la loi devance les faits, mais encore qu'elle les précède de beaucoup. La loi des huit heures est l'idéal auquel aspirent les classes laborieuses, qui y voient une des sources de l'harmonieuse organisation sociale de l'avenir, dans laquelle chacun faisant trois parts égales de sa journée en consacrerait une au travail, devenu sans doute pour tous un plaisir, une autre au charme des délassements et des agréments, et la dernière enfin au repos du sommeil.

Sur quoi se fondent donc les partisans de la limitation légale de la journée de travail, pour défendre leur système ?

Un travail manuel ou mécanique excessif, prolongé outre mesure, entraîne, disent les interventionnistes, un surmenage physique et intellectuel aussi défavorable à l'ouvrier lui-même qu'à la production. L'ouvrier y laisse sa santé ; son intelligence, sa moralité même s'affaiblissent par voie de conséquence de l'abrutissement dû à la répétition incessante et prolongée d'une tâche uniforme ; en même temps, son travail devient moins actif, moins soigné, à raison de la fatigue éprouvée, de sorte qu'en définitive la production perd en quantité et en qualité.

Pour éviter un pareil état de choses, il importe, conclut-on, que l'Etat intervienne ; un impérieux devoir d'hygiène et de tutelle sociale lui incombe. En limitant par des dispositions de loi la durée de la journée de travail, il accomplira un acte de justice humanitaire à l'égard de la classe de citoyens la plus nombreuse et la plus digne de pitié, et il sauvegardera du même coup la production nationale d'une déchéance certaine.

La justesse des considérations sur lesquelles se fondent les interventionnistes est aujourd'hui surabondamment établie, et je ne crois pas que personne songe à la contester (1). Les faits la confirment au contraire. Par exemple, M. Dolfus, de Mulhouse, réduisait, en 1866, la journée de travail dans ses établissements de douze à onze heures, et il constatait au bout d'un mois que l'économie de fatigue ainsi réalisée par l'ouvrier se traduisait par un accroissement de la production dans une proportion de 4 à 5 o/o. De même une enquête faite en 1881 par l'Office du travail de l'Etat de Massachussetts constatait que le Massachussetts produisait en dix heures par homme, par métier ou par broche (il s'agissait de filatures), en comparant des qualités égales de marchandises, autant que les autres Etats en onze heures ou plus, et que les salaires étaient aussi élevés, sinon davantage, que dans les autres Etats où la journée était plus longue. Tout récemment encore, un écrivain français aussi consciencieux qu'autorisé, M. de Rousiers, déclarait, dans une remarquable étude sur les mines et la journée de huit heures, que « si l'on choisissait parmi les ouvriers des différents « métiers et des différents pays, d'une part ceux qui « font normalement des journées de travail cour- « tes, d'autre part ceux qui font normalement des

(1) Comp. John Raë, *La journée de huit heures*, 1 vol. Paris, 1900.

« journées de travail longues, on constaterait que « les premiers atteignent un niveau intellectuel et « moral auquel les seconds ne sauraient prétendre. « Ce sont d'autres hommes... Comparez un mineur « du Durham avec un mineur de la Galles du Sud, « un mineur du Pas-de-Calais avec un mineur du « Gard, un mineur de Westphalie avec un mineur « silésien, vous verrez partout une correspondance « marquée entre la journée plus courte et le déve- « loppement plus grand de l'homme (1) ».

Je n'ai pas besoin d'insister plus longuement sur ce point, et nous pouvons tenir pour acquis les heureux effets économiques et sociaux, les avantages physiques et moraux découlant de la réduction des heures de travail.

Mais pour atteindre ces résultats, est-il donc absolument nécessaire de recourir à l'intervention de la loi, agissant d'autorité et substituant sa volonté à celle des parties en présence ? Je n'hésite pas à répondre négativement, quand il s'agit d'ouvriers adultes, et à rejeter les conclusions fausses à mon sens que les interventionnistes veulent tirer de prémisses exactes.

Non ! la loi n'est pas dans son rôle, quand elle veut remplacer par sa propre volonté les accords librement débattus entre personnes majeures et

(1) *Revue de Paris*, n° du 1er février 1902, p. 528.

capables. Il ne s'agit plus ici de protéger des faibles ou des ignorants, comme les femmes ou les enfants. Il ne s'agit pas davantage de mesures de sauvegarde à prendre, comme celles qui ont pour objet d'assurer l'hygiène ou la sécurité des travailleurs.

Et puis, est-ce que le législateur, si avisé ou si prudent qu'on le suppose, est exactement placé pour apprécier comme il convient les mille circonstances pouvant influencer la production, les éléments si complexes qui font le succès ou l'insuccès des entreprises industrielles et dont la variabilité paraît difficilement compatible avec l'uniformité rigide d'une réglementation légale ? A quel chiffre s'arrêtera-t-on d'ailleurs pour fixer la durée légale de la journée de travail ? Sera-ce dix heures, neuf heures ou huit heures ? Et enfin, pour remplir utilement son rôle interventif, le législateur saurait-il se dégager suffisamment des préoccupations électorales, et s'inspirer d'une impartiale sagesse, à laquelle les assemblées politiques nous ont peu habitués jusqu'à présent ?

Il me semble que sur cette question les paroles de vérité ont été prononcées au Congrès de Paris de 1900, où la majorité des orateurs était pourtant acquise à l'idée interventionniste, par un Allemand, le Dr Max Hirsch, syndic des associations ouvrières connues sous le nom de *Hirsch Dunckersche Gewerkevereine* : « Nos associations, disait-il, ne sont pas

« hostiles à l'intervention de l'Etat, quand il n'y a « pas d'autre moyen d'aboutir. Elles ont parfaite- « ment accepté la loi sur le repos du dimanche. « Mais d'autre part, elles sont pénétrées de l'idée « qu'il faut conserver à l'esprit d'association toute « sa vigueur. On n'a pas assez insisté sur la puis- « sance extraordinaire de l'association pour amé- « liorer le sort des travailleurs. Il faut en tenir grand « compte et se garder de l'affaiblir, en abandonnant « tout à l'Etat. Dans certaines industries on a déjà « la journée de neuf heures ou même de huit heu- « res : on le doit non à la loi, mais à l'action des « ouvriers librement associés. Gardons-nous de « nuire à l'esprit d'association en privant celle-ci de « son rôle. En Allemagne, en dix ans, la journée de « travail des adultes a été réduite de deux ou trois « heures ; on le doit à l'association. Il ne sera pas « facile en Allemagne d'obtenir de la loi la journée « de dix heures. Dès lors, au lieu de s'épuiser en « pétitions, en vœux, en projets, il est bien plus « pratique de se grouper en associations nombreu- « ses et solides. Par là, nous atteindrons directement « le but poursuivi. »

Le Dr Max Hirsch me semble avoir mis le problème véritablement au point, et j'estime avec lui qu'il faut chercher la solution de la question de la durée du travail des ouvriers adultes, non pas dans l'intervention plus ou moins arbitraire de la loi, mais dans l'effort libre et spontané des associations syndicales, car celles-ci sauront, mieux que le législateur, tenir compte des contingences pratiques, et y mesurer leurs revendications.

On objecte, il est vrai, que les syndicats ouvriers n'ont ni une instruction économique suffisante, ni la force nécessaire pour remplir le rôle auquel on les convie.

S'il en était réellement ainsi, est-ce que le premier devoir des hommes politiques, — surtout de ceux qui veulent paraître avoir le monopole de l'amour des ouvriers, — ne serait pas de procéder à l'organisation rationnelle des masses ouvrières et à leur éducation, au lieu de les nourrir de l'idée de la lutte des classes, et d'étouffer en elles tout esprit d'initiative en exagérant à tout propos le rôle de l'Etat ?

Mais il y a mieux à dire. Il est loin d'être établi que les ouvriers soient aussi incapables ou impuissants à défendre leurs intérêts, qu'on se plaît à les représenter. Si nous ouvrons par exemple la statistique des grèves, que voyons-nous en effet ? Nous voyons que sur 78,512 ouvriers qui se sont mis en grève en 1900 en vue d'obtenir une diminution du temps de travail, 24.4 o/o seulement, c'est-à-dire 19,139 grévistes, ont échoué, tandis que 35,448 grévistes, soit 45 1 o/o du total, ont abouti à une transaction, et que 23,925 autres, soit 30.5 o/o du total ont réussi. Cela signifie en d'autres termes qu'un peu plus des 3/4 des ouvriers intéressés ont obtenu satisfaction complète ou partielle par la seule mise en œuvre de leur force collective et sans avoir eu le concours d'une intervention légale. En réalité les syndicats ouvriers possèdent une grande force morale (les ouvriers dissendents en temps de grève en savent quelque chose) et une puissance d'argent, c'est-à-dire de résistance, fort respectable. Ce qui leur manque, c'est d'appliquer et de diriger utilement cette force, et si, au lieu de la gaspiller en des grèves politiques ou révolutionnaires, ils l'employaient à la défense raisonnée et raisonnable de leurs intérêts professionnels, ils auraient vite fait d'améliorer la condition des travailleurs par le mérite de leurs propres efforts coordonnés.

Les Trade-Unions anglaises donnent à ce sujet aux groupements ouvriers du continent un éclatant exemple de l'efficacité de l'action syndicale. L'accroissement des salaires de l'autre côté de la Manche, la diminution du temps de travail, sont en majeure partie leur œuvre : et il n'y a pas lieu de s'en étonner, quand on sait avec quel esprit pratique, quel sens exact des possibilités, elles poursuivent les réformes qui les intéressent. Un trait d'ailleurs suffit à démontrer leur action utile et efficace : partout où les Trade-Unions anglaises sont fortement organisées, là aussi les salaires sont plus élevés et la durée du travail est moindre qu'ailleurs. Il n'y a aucun motif de penser que nos syndicats français ne puissent pas arriver à des résultats analogues le jour où, comme semble vouloir le faire le récent mouvement des syndicats jaunes, ils seront disposés à imiter la sagesse de leurs camarades anglais.

*
* *

Des faits et des idées, qui ont été exposés au cours de cette lecon, je voudrais en terminant tâcher de dégager la règle susceptible de guider notre jugement dans la difficile question du rôle convenant à l'Etat et à la loi en matière de protection du travail.

Ainsi que je le disais au début de mes explications, ici, comme en bien des choses, il faut se garder des opinions extrêmes et trop radicales dans un sens ou dans l'autre. Je professe, pour ma part, un très grand respect, et je me laisserais même peut-être aller à avoir une certaine préférence pour le beau et fécond principe de la liberté du travail et de la liberté des conventions, qui, en demandant à l'homme un effort pour vaincre la concurrence et avancer dans le progrès, fortifie son énergie et rehausse sa dignité. Mais ce principe de libre concurrence est souvent dur aux faibles, aux incapables, à ceux que l'âge, le sexe ou l'isolement mettent en état d'infériorité. Pour ceux-là, il nous paraît légitime que la loi intervienne afin de rétablir en leur faveur l'équilibre de la balance. Une double voie s'ouvre à la loi pour agir en ce sens : par l'une, qui nous paraît la meilleure, le législateur encouragera l'association des travailleurs et facilitera l'organisation consciente des forces ouvrières, pour leur permettre de combattre les abus de la liberté et de régulariser la concurrence sans la supprimer ; par l'autre voie, la loi interviendra d'autorité et se substituera aux parties en présence dans le règlement des rapports qui doivent les unir.

L'un et l'autre mode d'intervention légale peuvent avoir leur raison d'être dans certains cas et ne pas l'avoir dans certains autres ; il ne saurait, en cette matière, y avoir de règle absolue, car le choix du mode de protection peut varier suivant les milieux, les temps et la question à résoudre.

S'agit-il de mesures intéressant la collectivité des travailleurs industriels, comme les prescriptions concernant l'hygiène ou la sécurité dans les ateliers ? S'agit-il également de protéger les enfants, les adolescents des deux sexes, et même les femmes adultes, voués par leur âge, leur faiblesse, leur ignorance de la vie ou par leur défaut d'organisation professionnelle, aux abus possibles d'une exploitation inhumaine ? En pareil cas, l'intervention du législateur, agissant d'autorité pour décréter des mesures protectrices ou pour déterminer la durée de la journée de travail, nous paraît légitime.

S'agit-il au contraire des ouvriers mâles adultes ? Il ne saurait plus être ici question d'invoquer en leur faveur la timidité du sexe ni l'ignorance ou la faiblesse de l'âge : il s'agit au contraire d'ouvriers entièrement capables de jugement, conscients de la vie. De quel droit la loi viendrait-elle les mettre en tutelle, supprimer leur volonté et y substituer la sienne ? Ce que l'on peut dire avec raison de ces ouvriers, c'est que souvent ils sont faibles parce qu'ils sont isolés, et que notre régime individualiste les met en état d'infériorité vis-à-vis des patrons. Cela est vrai. Mais, si tel est le mal dont ils souffrent, le remède consistera à grouper leurs faiblesses individuelles pour en faire une force collective, où viendront s'unir les libres volontés de chacun et de tous, et non à les anéantir dans la volonté souveraine de la loi. A nos yeux, le législateur n'a donc pas à intervenir pour déterminer la durée du travail de cette catégorie d'ouvriers ; il doit bien plutôt se préoccuper de les mettre à même de discuter à armes égales leurs conditions de travail avec les patrons, en facilitant l'organisation des syndicats professionnels et en reconnaissant à ceux-ci les droits nécessaires pour l'accomplissement de leur tâche. Tout au plus serions-nous disposés à reconnaître au législateur le droit de sanctionner et de consacrer après coup les conditions de travail établies par la pratique des mœurs ou par l'effet d'une action syndicale reflétant véritablement la volonté du monde du travail, encore que cela nous parût superflu : mais ce que nous ne saurions admettre, c'est que la loi veuille devancer les mœurs ou l'action syndicale, et s'y substituer pour réglementer les conditions et notamment la durée du travail au gré de sa propre volonté.

Et maintenant, Mesdames et Messieurs, me permettez-vous de tirer de cet enseignement doctrinal une conclusion immédiatement pratique? Vous n'êtes pas des législateurs, ce dont je serais tenté de vous féliciter. Vous n'aurez donc pas à vous faire les propagateurs des idées de sagesse et de pondération dans les milieux parlementaires, où elles ne seraient pourtant pas toujours superflues ; mais vous devrez vous en pénétrer vous-mêmes. Vous devrez vous convaincre, — car on cause de ces questions dans les salons, — que l'Etat n'est pas tout, qu'il ne faut pas l'appeler en toutes choses à son aide, et qu'à trop se mettre en sa tutelle on risque de tomber en sa servitude. Et alors, quand vous irez répéter ces convictions aux humbles, aux travailleurs. avec lesquels vous êtes en contact, vous répandrez une semence féconde, parce que avec votre tact accueillant vous aiderez par là-même l'initiative populaire à s'éveiller et à voir la vérité.

Mais vous vous direz aussi que pas plus la Loi que la Liberté ou l'Association ne peuvent supprimer, ni même soulager toutes les misères. Lisez les beaux livres que Jules Simon et le comte d'Haussonville ont consacrés à l'études des classes ouvrières ; vous y verrez quel champ immense d'activité vous attend dans le domaine social. Pour agir d'ailleurs, vous n'avez pas à chercher bien loin vos modèles ; si je ne craignais de froisser des modesties, je vous dirais que vous les avez ici-même, autour de vous. Suivez-les. L'étude des faits sociaux est à coup sûr intéressante, mais combien plus passionnantes encore sont les applications des études sociales !

Eh bien, ne craignez pas de vous engager peu à peu dans la voie des applications ; c'est là que vous trouverez en vérité le plus de satisfactions, car il me semble qu'il ne peut y avoir, pour les fortunés de la terre, de vie bien remplie, que si l'on va au peuple pour lui faire entendre des paroles de paix et pour lui montrer la voie du progrès véritable, et que si l'on lui tend la main pour l'aider à s'élever à des conditions d'existence meilleures.

Maurice Dufourmantelle,

Professeur au Collège libre des Sciences sociales.

VINGT ANS DE VIE SOCIALE

MESDAMES,

Il y a quelques semaines, au moment où je traversais une de ces tourmentes qui, au dire du vieux poète, éloignent ou dispersent les amis, M. Georges Goyau m'écrivait une lettre charmante.

Il me demandait de vous parler d'une expérience sociale. Connaissant mon éloquence plutôt négative, j'aurais dû refuser, mais cette preuve de sympathie arrivait si bien à son heure que je n'ai pas su dire non, comme j'aurais dû le faire et pour vous et pour moi.

Mesdames, je vous devais cette confession, afin d'obtenir pour le simple ingénieur que je suis, l'indulgence indispensable pour parler devant un auditoire d'élite et, disons le mot, anssi gâté que le vôtre par d'éloquents conférenciers.

Je vous dirai donc bien simplement des choses aimées et vécues, avec l'espoir secret de vous les faire aimer aussi. Et cela, non parce qu'elles sont racontées avec art, mais parce qu'elles touchent à ce qu'il y a de plus intime au cœur de l'homme et qu'elles toucheront votre cœur de femme, infiniment plus délicat que le nôtre.

Un dernier mot avant de commencer : Les histoires vécues sont rarement signées, plus anonyme en quelque sorte en est l'auteur et plus grande aussi est sa liberté ; nous parcourrons donc ensemble, si vous le voulez bien, les notes d'un ingénieur de France, et cela ne sera pas bien compromettant, car la France est grande et les ingénieurs y sont aussi nombreux que les usines.

∴

Il y avait une fois un jeune ingénieur qui entrait dans une vieille usine, sans grand enthousiasme, car il était resté marin par le cœur, n'étant devenu industriel que par force.

Mais comme il voulait remplir son devoir, il se posa d'abord ce premier problème :

Quelle doit être ma manière d'agir vis-à-vis de mes ouvriers ?

Fort heureusement, son directeur général vint à son secours en le forçant à s'occuper de cet autre problème, plus théorique celui-là, malheureusement.

Quelle aurait dû être la conduite de mon directeur vis-à-vis de moi, pour m'amener à une libre et affectueuse obéissance ?

Un rapide examen de conscience et la constatation

des blessures déjà reçues lui donnèrent assez vite la solution du second et même du premier problème ; les deux n'en faisaient qu'un ; il s'en aperçut plus tard.

Notre ami était bien jeune, de plus il était affligé :

D'une indépendance un peu ombrageuse ;

D'une volonté pliant facilement devant une parole affectueuse, jamais devant la force ;

Enfin d'un amour d'enfant pour la justice ; et il ne songeait même pas à se corriger de ce dernier défaut, ce qui prouvait son inexpérience des choses de ce monde.

Pendant de longs mois, toujours grâce à son directeur, il connut, pour lui et pour ses hommes, ces dénis de justice, ces ordres arbitraires, ces froissements de la volonté, merveilleux exercices d'assouplissement qui débarrassent le cœur de la couche d'égoïsme dont la vie trop facile tendrait à le recouvrir.

Je vous ai promis la vérité, Mesdames, eh bien ! malgré le service rendu, il ne se passionna pas pour son directeur, oh ! mais là, pas du tout ! et même aujourd'hui, celui-ci reposant dans le sein d'Abraham, l'ingénieur en question, tout en lui gardant une certaine reconnaissance, ne peut encore la nuancer d'affection.

C'est peut-être de l'ingratitude après tout ? c'est

à ces souffrances intimes qu'il a dû de devenir plus tard un catholique social, car la souffrance de l'âme est, encore et toujours, le meilleur éducateur, le maître le plus habile à façonner les hommes.

Et que de choses il apprit à cette rude école :

Il apprit qu'il faut toucher avec respect, d'une main légère et délicate, le cœur de ceux qui souffrent, quels que soient leur instruction et leur rang social.

Il apprit encore la langue de ceux qui souffrent, langue plus universelle, celle-là, que l'*Esperanto*, car ceux qui tombent blessés dans le dur combat de la vie, parlent tous la même langue, l'accent seul diffère, le génie, les expressions restent les mêmes.

Et voulez-vous, Mesdames, un exemple de la délicatesse de cette langue universelle ?

Un jour, déjà un peu disgracié parce qu'il s'obstinait à voir dans ses ouvriers des hommes et non des machines, notre ami traversait un atelier ; un casseur de fer l'aborde, ce n'était, Mesdames, ni un savant, ni un homme du monde, mais c'était un de ses ouvriers, raison plus que suffisante pour l'accueillir favorablement.

— On m'a fait une injustice, Monsieur. Et il raconte une histoire tristement vraie.

— Mais, mon pauvre ami, que puis-je faire pour vous ? réclamer ? cela vous ferait, peut-être, plus de mal que de bien.

— Je le sais et ne viens pas pour cela.

— Pourquoi donc alors ?

— Je viens parce que les autres m'ont dit que vous écoutiez ceux qui ont à se plaindre, et parce qu'il faut que je dise à quelqu'un ce qu'on m'a fait.

Et à vingt ans de distance l'industriel ressent encore l'émotion qu'il éprouvait, jeune ingénieur, en écoutant celui qui lui parlait ainsi, sans intérêt, avec confiance, pour dégonfler son cœur simplement, et cela parce que les autres lui avaient dit : va vers l'ingénieur, il écoute ceux qui souffrent ; peut-être avaient-ils ajouté : car il souffre pour nous... et ils n'avaient pas menti.

N'est-il pas vrai, Mesdames, que la langue des blessés, des vaincus est vraiment noble et que ceux qui la parlent ont droit à notre respect, malgré leur écorce un peu rude et leur français parfois incorrect.

Voilà ce que le futur industriel apprit à cette forte école de la souffrance.

Et quand il eut bien appris ces choses, qu'il les eut vécues, il devint chef à son tour, libre, par conséquent, d'appliquer ses théories sociales, en tenant compte, toutefois, des réalités de la vie industrielle ; et c'est le récit de ces essais que nous allons aborder maintenant.

*
* *

Êtes-vous entrées, parfois, Mesdames, dans une usine en marche ? probablement, n'est-il pas vrai ? Dans ce cas, vous avez jeté un regard distrait et peu sympathique, je le crains, sur ces machines aux lignes rigides, si peu en harmonie avec votre grâce féminine. Et pourtant, malgré vous peut-être, vous avez admiré ces roues d'acier ou de bronze qui s'engrènent les unes dans les autres, transmettant sans secousse et sans bruit la force et le mouvement.

Mais ce que vous n'avez certainement pas visité, ce sont les usines abandonnées ; vous n'avez pas vu ces poulies et ces arbres rongés par la rouille, vous n'avez pas entendu ce grincement du fer sur le fer au moindre mouvement qu'on essaie de produire.

Et c'est là chose plus triste qu'on ne saurait le dire, et qu'un peu d'huile, versée chaque jour, aurait évité.

Eh bien, à côté de ces engrenages matériels, il y a des rouages d'une autre nature, aussi essentiels, plus essentiels, même, que les premiers, à la marche de l'usine, et sans lesquels celle-ci serait privée de vie et de mouvement. Ce sont, le patron, les contremaîtres, les ouvriers. Une poussière invisible les enveloppe sans cesse, et si l'on n'y prend garde, si l'on ne les graisse pas d'une manière constante, eux aussi, comme dans l'usine abandonnée dont je parlais tout à l'heure, ils grincent désagréablement et arrivent même à se rompre.

C'était une usine socialement et industriellement abandonnée qui fut le champ d'expérience du nouvel industriel, et vraiment, au premier abord, il y avait de quoi se décourager.

— De l'hostilité partout.

— Une situation industrielle et commerciale lamentable.

— L'habitude du travail du dimanche et naturellement celle du repos du lundi.

— L'habitude de boire l'absinthe à l'atelier et celle de coucher au poste le dimanche soir.

Bref, un terrain vierge de toute discipline.

Et pourtant, l'industriel ne ne se découragea pas; à la suite de patientes études, il avait découvert une excellente formule d'huile de graissage pour ces fameux rouages dont je parlais.

La voici dans toute sa simplicité :

Beaucoup de patience, non moins de fermeté, pas mal de respect pour la liberté de l'ouvrier, avec addition de justice généreuse, affectueuse même.

Il semble, au premier abord, que ces divers éléments doivent faire mauvais ménage ensemble, c'est là une erreur ; en maintenant le mélange sur un feu doux pendant quelques heures, on obtient une huile parfaitement homogène et d'excellente qualité.

Notre industriel ralluma donc ses fourneaux, fabriqua plusieurs litres de cette huile merveilleuse et commenca à graisser sérieusement ces fameux rouages. lui, tout le premier, car il en avait grand besoin.

Nouveau venu dans la ville et aussi dans cette industrie dont il connaissait seulement les grandes lignes, il arrivait précédé d'une détestable réputation.

C'était, disait-on, un affreux clérical ; sauf peut-être qu'il était catholique, et non clérical (ce qui n'est pas absolument la même chose), l'accusation portée contre lui était malheureusement exacte.

On prétendait encore que, pour réduire les frais, il songeait à remplacer les hommes par des femmes, à demi-tarif, mais ceci était faux.

Il n'en était pas moins certain qu'il passait aux yeux de ses ouvriers pour un affreux clérical et un affameur du peuple. Il attendit patiemment l'occasion de pouvoir s'expliquer, et ceci vous montre déjà, Mesdames, l'utilité de la patience dans la composition de l'huile sociale.

Cependant les ouvriers ne s'étaient pas endormis. Deux ou trois jours avant son arrivée, ils avaient constitué un syndicat pour mettre cet intrus à la raison. Dès la première heure, pareille à la légendaire épée de Damoclès, la grève planait invisible et menaçante sur la tête du nouveau chef.

Si j'ajoute que ce syndicat local était en réalité une section d'une fédération ouvrière puissante, toute prête à venir en aide aux grévistes, j'aurai tracé un tableau aussi exact que peu rassurant de l'usine en question.

Il fallait aller au plus pressé et remettre un peu d'ordre. Un premier règlement fut affiché et immédiatement appliqué. Il débarrassa l'usine des ouvriers amateurs. Le chef se trouva seul en face de professionnels hostiles, le travail social allait commencer.

Il serait trop long de le donner en détail, avec ses périodes de revers et de succès; je me bornerai donc à examiner rapidement: l'action dans l'usine et les relations avec la fédération ouvrière, et dans cette action dans l'usine je distinguerai: l'action sur le terrain religieux, sur le terrain professionnel et sur le terrain social.

L'ACTION DANS L'USINE

Le terrain religieux

Une conversation tirée des notes de l'industriel résume ses idées sur ce point:

« M. l'abbé X. sort de mon bureau, il est certainement animé des meilleures intentions, fort intelligent même, mais quelle méconnaissance de l'état d'âme de nos ouvriers !

« — Vous allez, sans doute, mettre des crucifix dans tous vos ateliers et amener vos ouvriers à nos cérémonies religieuses ?

« — Mais je n'en vois pas très bien la nécessité.

« — (Froncement de sourcils, évidemment je scandalise mon interlocuteur.) Cependant, vous êtes un chef catholique.

« — C'est justement parce que je suis chef catholique que je me garderai bien d'en agir ainsi.

« Si je dis à mes ouvriers : suivez-moi aux offices ! ils y viendront certainement, craignant de perdre leur place, et quel sera le résultat obtenu ? J'aurai derrière moi des convertis déjà, ce n'était pas la peine de leur donner cet ordre, et des hypocrites qui seront d'autant plus hostiles à la religion qu'ils iront à l'église contre leur gré. On convertit parfois un libre-penseur, jamais un hypocrite.

« — Mais alors, sur quoi vous basez-vous pour apprécier vos ouvriers ?

« — J'estime surtout le professionnel et par ce qualificatif j'entends, non l'ouvrier le plus habile qui est souvent un meneur, mais l'ouvrier consciencieux, aimant son métier et possédant une habileté moyenne.

« C'est d'ailleurs dans les rangs des seuls professionnels que se trouveront les chrétiens sincères, car la marque distinctive du chrétien n'est pas seulement l'assistance aux offices mais *encore et surtout* l'accomplissement consciencieux des devoirs d'état. »

Je détache encore une page de ces notes.

« Ces jours derniers, M. l'abbé X., aujourd'hui M. Y., positiviste convaincu (les hommes se suivent et ne se ressemblent pas); la question religieuse était sur le tapis.

« — Vous espérez donc ramener vos ouvriers à votre foi religieuse ?

« — Oui, et je ne le cache pas ; mais je prétends y parvenir, peut-être pas de mon vivant, en les laissant libres, en les aimant, et surtout en agissant de telle sorte que comparant la conduite de leur chef catholique à celle de tout autre chef non catholique ils ne puissent dire : ce dernier est plus juste, plus loyal, plus dévoué que le nôtre.

« Il me semble que, rejetant loin de lui toute préoccupation personnelle, toute espérance de victoire immédiate, le chef catholique doit, tout en donnant l'exemple, entourer ces hommes d'une telle atmosphère de liberté, d'amour et de dévouement, qu'ils se détendent en quelque sorte, qu'ils ne cherchent plus à barricader la porte de leur cœur et alors un rayon divin pourra pénétrer jusqu'à ces âmes qui sont faites pour Dieu. »

Ceci était la théorie de notre ami ; a-t-elle produit des résultats ?

Quelques mois après son arrivée les apprentis lui offraient la statue du patron de la corporation.

Cette statue était placée sur la porte des ateliers. Il y eut bien quelques murmures de la part des ouvriers, mais les apprentis prirent vigoureusement la défense de leur statue, et elle resta maintenue par eux.

Les crucifix et statues religieuses donnés et placés par le patron, sont à peine collés au mur et se décollent facilement ; les emblèmes religieux donnés et posés par les ouvriers sont incrustés dans la pierre et d'une solidité à toute épreuve.

En tout cas on peut constater que, la liberté de l'ouvrier ayant été respectée, l'hostilité vis-à-vis de la religion a disparu ; chez les plus éloignés ce n'est plus que de l'indifférence respectueuse, c'est un progrès, on en conviendra.

Le terrain professionnel

Si, comme nous l'avons vu, notre ami estimait surtout le professionnel, il est de toute évidence que c'est sur ce terrain qu'il allait essayer de prendre contact avec ses hommes.

Dans l'atelier, ce contact n'existe pas ; il y a simplement un travail à faire qui nécessite, d'un côté les ordres du chef, de l'autre l'exécution de ces mêmes ordres par les ouvriers.

En dehors de l'atelier, dans la vie de chaque jour, le contact n'existe pas davantage. S'il n'y a pas camaraderie, familiarité, ce qui discrédite le chef sans le faire aimer, il y a hostilité d'autant plus grande de la part de l'ouvrier que celui-ci, pendant la journée de travail, est, ou se croit plus courbé sous les ordres de son chef.

Il reste un terrain intermédiaire, c'est le terrain professionnel, le chef y pénètre, non plus comme donnant les ordres, mais comme spécialiste de la direction ; l'ouvrier s'y présente, non plus comme soumis aux ordres de ce même chef, mais comme spécialiste de la main-d'œuvre, de l'exécution du travail. Il est alors possible de causer librement entre professionnels et sur le pied d'une certaine égalité.

L'industriel convoqua donc ses hommes à des conseils d'usine.

Dans ces réunions, le rôle du patron est essentiellement délicat, car il doit éviter deux écueils, trop d'autorité ou trop de familiarité, il doit s'efforcer de faire oublier son titre de chef tout en ne l'oubliant pas lui-même. C'est une question de doigté plus difficile qu'on ne pense.

Après les premières réunions, où, parlant de choses forcément générales, il fut écouté avec trop de respect, l'industriel posa nettement la question professionnelle en demandant à ses ouvriers de l'aider dans sa recherche des meilleurs moyens de remonter l'usine.

Les langues se délièrent immédiatement et de sérieux résultats purent être constatés, j'en citerai deux, les plus importants.

Pendant une absence de l'industriel, les ouvriers, encouragés par l'initiative qu'on leur laissait, expérimentèrent d'eux-mêmes un nouveau procédé qui réalisait une certaine économie, peu importante il est vrai comme total annuel, mais enfin trouvée par eux. A son retour, ils lui annoncèrent en triomphe les résultats obtenus.

Un second résultat que je relève dans les notes de notre ami, et qui paraîtra d'une importance capitale aux ingénieurs qui se débattent avec cette terrible question de salaire.

« La journée de travail, chez nous, est de 10 heures. Toute heure en plus recevait, outre le dixième du prix de la journée, un supplément de 0 fr. 20. Ce supplément, juste en principe, puisqu'il correspond à un surcroît d'effort de la part de l'ouvrier déjà fatigué, me gênait terriblement.

« En vue d'un travail déterminé, mon prédécesseur avait créé un outillage spécial, et pris des engagements à forfait. Ces engagements étaient onéreux, et tout compte fait, les 0 fr. 20 par heure constituaient une perte sèche.

« Les ouvriers sont appelés en conseil d'usine.

« — Mes amis, voici les engagements pris par mon prédécesseur vis-à-vis de M. X., voici les forfaits, et voici mes calculs. La gratification de 0 fr. 20 qu'on vous accorde est une perte importante pour moi.

« — Si vous le permettez, Monsieur, nous en causerons avec nos camarades des autres usines. C'est une question de principe assez grave.

« — Soit, revenez demain me porter votre réponse.

« Le lendemain les délégués viennent me retrouver.

« — Monsieur, vous avez été franc vis-à-vis de nous, en nous montrant vos calculs et les forfaits acceptés, nous vous en remercions.

« *Notre intérêt est lié au vôtre, vous ne pouvez perdre sans que nous perdions nous-mêmes, nous abandonnons notre gratification.* »

Le conseil d'usine existait depuis trois mois à peine.

Le terrain social

Si sur le terrain professionnel l'industriel pouvait enregistrer de véritables victoires, il n'en était pas de même sur le terrain social.

Dès que les réunions cessaient d'être strictement professionnelles, une sorte de timidité décourageante s'emparait de ses ouvriers et semblait les paralyser.

Mille faits de peu d'importance, pris séparément, mais qui par leur ensemble, dénotaient bien l'état d'âme des ouvriers le montraient avec évidence, j'en cite un :

Le jour de la fête patronale de l'industrie, une messe était célébrée pour l'usine. Par délicatesse, le patron le faisait savoir indirectement à ses ouvriers, mais sans les inviter officiellement et cependant il n'en manquait pas un à ce qu'ils considéraient comme une revue d'appel. Certains amis, plus dévots que clairvoyants, s'en réjouissaient, il n'en était pas de même de l'industriel, catholique militant c'est vrai, mais plus clairvoyant que dévot.

Enfin, après de longs mois passés dans cette sorte de novembre social où il pouvait noter sur ces tablettes : aujourd'hui gris, demain pluvieux, après-demain maussade, et puis recommencer soit dans le même ordre, soit dans un ordre différent, mais sans jamais varier le degré d'ennui par exemple, une sorte d'éloignement se remarqua chez les ouvriers, çà et là l'indépendance se manifestait. Libres de venir ou non à la messe corporative, beaucoup s'abstinrent cette fois, peut-être pour éprouver le libéralisme de leur chef, peut-être aussi pour faire preuve d'indépendance. Les amis dévots s'alarmèrent et l'industriel non dévot se réjouit. Le printemps s'annonçait, par des giboulées, sans doute, mais il s'annonçait.

Un événement précipita le retour des beaux jours. Pris en flagrant délit d'indélicatesse, un ouvrier extrêmement dévoué, trop dévoué même, fut renvoyé ; à tort, bien à tort, il passait pour le surveillant occulte de l'industriel.

Son départ provoqua une allégresse entière et d'un seul coup, avec cette spontanéité qui est la caractéristique des ouvriers, la famille industrielle, que rêvait de former notre ami, fut fondée.

Un règlement fut fait en commun, et discuté point par point par tout le personnel, après quoi il fut signé par tous ; c'est, aujourd'hui, le code de l'usine.

Je vous demande la permission d'en lire deux articles, *approuvés et signés par tous*, ne l'oubliez pas, et dans ce mot *tous* il y a *de tout*, depuis des catholiques jusqu'à des socialistes.

« Catholique convaincu, je demande à ceux de mes ouvriers qui ne partagent pas mes convictions de s'abstenir de conversations contraires à mes idées religieuses. Je fais appel pour cela à leur sympathie envers un chef qui les aime sincèrement et qui ne leur demandera jamais un acte contraire à leurs convictions personnelles.

« Père de famille, ayant charge d'âme vis-à-vis

de Dieu pour les apprentis confiés à mes soins par leurs parents, je demande à tous mes ouvriers de s'abstenir de conversations immorales. Les pères de famille ne parleraient pas ainsi devant leurs enfants, les ouvriers non mariés encore ne tiendraient pas de pareils propos devant leur mère ou leur jeune frère. »

Ce n'est peut-être pas très clérical, mais c'est, il me semble, suffisamment catholique.

Je ferai un dernier emprunt aux notes de notre ami, nous aurons ainsi la physionomie bien exacte de son conseil d'usine.

« Ces jours derniers, un de mes ouvriers réclamait une réunion du conseil d'usine pour couper court à des discussions d'atelier au sujet de la distribution du travail aux pièces.

« Après en avoir délibéré avec ses camarades, il apportait un projet de règlement signé par un certain nombre d'entre eux, destiné à être discuté en séance plénière. »

En voici la teneur, débarrassée bien entendu du projet trop technique qui vous intéresserait peu, mais la présentation est utile à connaître.

« Les ouvriers soussignés ont l'honneur de vous soumettre un projet de règlement pour éviter les discussions qui se produisent.

(Suit le projet).

« En conséquence, les soussignés vous prient, sauf rectification de votre part, de faire appliquer le plus tôt possible ce règlement auquel devront se conformer tous les ouvriers aux pièces, sans distinction d'âge ni de position.

« En foi de quoi ont signé. »

(Suivent les signatures.)

Il va sans dire que tous n'avaient pas signé puisqu'il y avait des discussions.

« Deux jours après, la journée de travail terminée, les ouvriers montaient dans le bureau du patron pour le conseil.

« La question n'intéressait que les ouvriers aux pièces et cependant, la réunion étant libre, les ouvriers à la journée et certains ouvriers des machines avec leurs apprentis, avaient tenu à y assister.

« Après la lecture du projet de règlement, vint la discussion.

« Tout en la suivant, j'examinais avec attention ce qui se passait autour de moi. Chacun des ouvriers prenait la parole à son tour, les raisons pour ou contre étaient nettement et brièvement énoncées, pas plus de fausse timidé que d'arrogance, mais de l'entrain avec une pointe de gaieté qui tempérait l'aridité d'une discussion professionnelle.

« Le « moi ! » apparaissait bien à certains

moments, mais il se heurtait aussitôt à un autre « moi ! », et la discussion redevenait générale et telle qu'elle devait être pour arriver à une solution équitable, susceptible de contenter, non pas tel ou tel, mais l'ensemble des ouvriers aux pièces.

« Ouvriers, apprentis, chacun disait son mot, apportait une raison, présentait une objection. Seul, le patron se taisait ou intervenait simplement pour éviter les personnalités et empêcher la discussion de dévier.

« Au bout de quelques minutes, une solution très nette se dégageait des divers avis, elle était de nature à contenter tout le monde et à ménager en même temps les intérêts de la famille industrielle.

« Cette solution, le patron aurait bien pu la trouver lui-même, mais elle n'aurait jamais eu la valeur qu'elle venait d'acquérir par la libre discussion ; de règle imposée, elle passait à l'état de règle acceptée par tous.

« Les choses ainsi arrangées à la satisfaction du patron et des ouvriers, quelques points du règlement général furent rappelés ; il y eut même des observations faites par un ouvrier au corps des apprentis, ceux-ci répliquèrent avec vigueur par l'intermédiaire du doyen de l'honorable corporation.

« Tout ce monde exposait ses idées sans la moindre contrainte, et le patron (il n'y avait avec lui aucun contremaître) ne gênait pas plus par sa présence que le père de famille ne gêne ses enfants qui organisent un jeu, un travail quelconque devant lui et avec lui.

« Pendant que j'écris ces lignes, certains de mes ouvriers sont déjà dans mon bureau pour une nouvelle réunion, il n'y a pas huit jours que nous avons eu celle que je viens de décrire, mais il y a quelque chose qui les tracasse, paraît-il. J'ai eu beau demander un délai à cause d'un travail entrepris, ils ont insisté, fort aimablement du reste, et je vais poser ma plume pour les recevoir. »

C'est bien là la photographie en quelque sorte du conseil d'usine de notre ami ; il y est tout entier avec ses notes caractéristiques :

Irrégularité des séances le plus souvent demandées par les ouvriers quand ils en sentent le besoin ;

Initiative de ces mêmes ouvriers pour la préparation des règlements qui leur paraissent utiles, sauf rectification du patron ;

Enfin, libre discussion dans les séances et non moins libre accès de ces mêmes séances à tout le personnel.

Ceci, c'est le travail dans l'usine, il nous reste à examiner le travail en dehors de l'usine, les relations de l'industriel avec la fédération ouvrière.

RELATIONS AVEC LA FÉDÉRATION OUVRIÈRE

Pendant que sur le terrain assez restreint de l'atelier s'accomplissait le travail de rapprochement dont je viens de vous parler, une action plus large, plus féconde se jouait sur le terrain syndical.

Et ici notes et lettres intéressantes ne manquent pas, elles abondent au contraire, vous comprendrez cependant, Mesdames, le sentiment de délicatesse qui me force à ne toucher que certains points, peut-être même les moins importants.

Comptant sur sa loyauté, prêt à mettre dans ses rapports avec la fédération ouvrière la courtoisie qui fait trop souvent défaut entre patrons et ouvriers, notre ami attendait avec calme une occasion favorable, certain d'avance du succès.

Quelques-uns diront peut-être que c'est là une étrange vanité ; non, Mesdames, c'est une force au contraire et peut-être est-ce la plus puissante de toutes que cette confiance tranquille en sa loyauté et en la victoire finale.

Lorsqu'appuyé sur un passé d'honneur et de dévouement à la classe ouvrière un industriel dit à ses hommes en les regardant bien en face : Telle chose est vraie, je l'affirme ; telle mesure est à prendre, prenons-là ; il les enlève comme le chef enlève ses soldats au moment de la charge, car c'est le même cœur qui bat sous la blouse de l'ouvrier et sous la capote du soldat.

Une circonstance toute fortuite vint au secours de notre ami.

Une conférence contradictoire entre patrons, ouvriers et étudiants sur le travail de la femme avait été préparée par lui, préparée seulement, car, retenu par l'influenza, il avait dû, à son grand regret, passer ses notes à un ami.

Quelques jours après, dans un journal technique, paraissait un article fort sympathique, signé d'un nom inconnu.

Lettre de remerciements de l'industriel et réponse de l'inconnu qui était... l'un des membres du comité central de la fédération ouvrière, c'était vraiment jouer de bonheur.

La glace était rompue, les relations devaient continuer, non seulement courtoises, mais encore confiantes et affectueuses même.

Cette lettre la voici :

« Paris, 9 avril 1898.

« Monsieur,

« M. S. me communique votre aimable lettre et m'annonce qu'il vous a fait l'envoi des numéros que vous me demandez.

« Je suis heureux que l'article consacré à la conférence de... vous ait plu. J'ai cherché à rendre mon impression, voilà tout.

« J'assistais aux discussions contradictoires et j'avoue que j'ai été fort intéressé.

« J'ai pu me convaincre que dans tous les partis, dans toutes les religions, il y a d'honnêtes gens, soucieux de leurs devoirs sociaux, et que ce sentiment peut s'accommoder avec les différentes manières de voir philosophiques et religieuses.

« Les philosophies et les religions, malgré de profondes divergences parfois, ont toutes un même but : l'amélioration de la société humaine. Il n'y a que le chemin pour parvenir à ce but qui diffère, et dans tous les systèmes philosophiques et religieux, à côté des tièdes, des pusillanimes, il y a les hommes de devoir, les hommes d'action, ceux qui mettent en pratique les préceptes de leurs doctrines.

« Je n'appartiens personnellement à aucun système religieux, mais j'ai toujours eu le respect des croyances des autres amenées par tempérament, par éducation, quand ces croyances sont sincères.

« A la conférence de..., il m'a été prouvé que l'on pouvait penser différemment sur l'idée de Dieu, mais qu'il était possible de s'entendre pour faire le bien aux hommes. L'esprit de solidarité sociale n'est pas le monopole d'une secte, il appartient à tous ceux qui en sont animés, qui qu'ils soient et d'où qu'ils viennent.

« Vous êtes, Monsieur, de ces catholiques, que moi, athée, je respecte profondément, car vous mettez en pratique la religion du Christ dans ce qu'elle a de plus noble, l'amour de l'humanité, de la justice.

« Je serai enchanté de recevoir les études pratiques que vous avez publiées; croyez que je les lirai avec attention, car vos idées sur le devoir social concordent avec les miennes.

« Veuillez agréer, etc. »

. . . .

. . . .

Bien que les usines soient nombreuses en France, que les industriels soient légion et que les syndicats ouvriers y forment un total très respectable, des relations syndicales, pourrais-je dire, de l'industriel en question avec la fédération ouvrière à laquelle appartenaient ses hommes, je ne parlerai pas, ce serait soulever le voile que je tiens à laisser sur lui et substituer l'histoire personnelle d'un homme à une thèse plus générale, quoique vécue, que seule je veux développer devant vous aujourd'hui. Qu'il me suffise de vous dire que le patron n'a pas trahi les intérêts patronaux. Sans ambition électorale, il est resté ce qu'il devait être, *un industriel social*, sans permettre d'ajouter à ce qualificatif cette petite terminaison en *iste*, qui lui aurait attiré une facile et peu enviable popularité. Je souhaite à ceux qui l'ont soupçonné parfois d'avoir sur ce point la conscience aussi tranquille.

Je me bornerai à un fait particulier mais qui laisse soupçonner ce que pouvaient être ces relations.

Un an plus tard, au foyer du signataire de la lettre que je vous ai lue, la mort frappait une fillette aimée.

A peine averti, l'industriel lui écrivait aussitôt.

Laissant librement courir sa plume sur le papier, il lui disait cet au-delà où l'on retrouve les êtres chers que Dieu appelle à lui, et, tout à coup, rappelé à la réalité, il s'excusait d'avoir ainsi parlé, connaissant les opinions religieuses de celui auquel il s'adressait.

Quand la souffrance frappe un ami, disait-il, ce sont ces paroles d'espoir en une vie future qui, seules, montent à nos lèvres à nous, chrétiens. Je vous considère comme un ami et ma plume a écrit spontanément ces choses, pardonnez-moi.

Et voici sa réponse que je ne puis relire sans émotion :

« Monsieur,

« J'ai été on ne peut plus touché de la lettre si sympathique que vous avez bien voulu m'adresser à l'occasion de la perte, aussi cruelle qu'irréparable que nous avons faite en notre petite fillette.

« C'est du plus profond du cœur que je vous remercie de vos paroles réconfortantes et d'une si grande solidarité humaine.

« C'est bien dans ces épreuves douloureuses qu'on se rend compte combien la doctrine chrétienne est consolatrice, et combien cette douce fiction de retrouver plus tard les êtres chers que l'on a perdus est bien appropriée à notre nature, combien elle peut atténuer les grandes douleurs.

« Heureux ceux en qui a pu subsister cette foi en un autre monde où l'on pourrait retrouver tous ceux que l'on a aimés.

« Combien était aimée notre fillette ! quel beau rêve s'est évanoui sur sa tombe !

« Je vous l'avoue sincèrement, je regrette que cette foi en l'au-delà ne me soit plus permise, car c'eût été pour la mère et moi une bien grande consolation.

« Vous vous êtes montré tolérant et compatissant vis-à-vis de celui qui, tout en ayant une autre conception que vous de l'idéal, n'en comprend pas moins la vôtre.

« Même est notre but : le bien, le juste, le bonheur de tous. Quel dommage que nous ne puissions suivre le même chemin ; comme il serait tentant de faire la route avec vous et ceux qui sont comme vous.

« Merci, Monsieur, pour moi et les miens et croyez à la respectueuse sympathie et aux meilleurs sentiments de votre bien dévoué.... »

C'était un ouvrier libre-penseur qui écrivait ainsi, et voilà ce qu'on trouve, Mesdames, dans le cœur du peuple, même incroyant, lorsqu'on a su passer ce fossé que l'on déclare infranchissable.

Et comme pour affirmer publiquement que de cette sympathie il ne rougissait pas, quelques mois plus tard, au sujet d'un rapport présenté par notre ami à un congrès patronal, il écrivait ces lignes dans un journal technique :

« M. X. avec lequel j'ai eu l'honneur d'avoir d'excellentes relations amenées par une communauté de vues et de sentiments sur notre système économique social et industriel d'aujourd'hui — malgré une divergence complète d'opinions philosophiques et religieuses, M. X. ayant un idéal et moi un autre, bien que nos idéals tendissent cependant toujours au même but — est un esprit large et généreux comprenant à un haut degré les devoirs que lui impose sa fonction de chef industriel. Il a su faire, que ses ouvriers soient ses collaborateurs, ses amis, et non de simples salariés. Il s'est constamment occupé non seulement de garantir leurs besoins matériels, mais aussi leurs besoins moraux. Partout où il a passé, il a su établir l'harmonie qui manquait, faire comprendre à chacun ses droits et ses devoirs, faire prévaloir l'esprit de justice, parce que lui-même était un homme juste et pratiquant dans la mesure la plus large la tolérance qu'il prêchait autour de lui. C'est un humain dans la plus belle acception qu'on puisse donner à ce mot, et je suis heureux de cette occasion d'affirmer la profonde sympathie du libre-penseur que je suis pour le catholique militant qu'est M. X., car une commune foi nous unit, celle en l'avenir d'une société plus harmonique, dans laquelle la famille pourra évoluer librement dans le rôle que lui réserve le progrès social basé sur la justice et la solidarité. »

Bien à regret, Mesdames, je suis forcé d'arrêter ici la lecture des notes de l'industriel en question.

Un souvenir encore, si vous le permettez, ce sera le dernier.

Un jour, c'était au sortir d'un séance de commission mixte, notre industriel s'était attardé à causer avec quelques membres ouvriers — on arrive devant la porte d'un restaurant, mouvement d'hésitation de la bande.

— Nous vous offririons bien de venir déjeuner avec nous, mais inviter un patron!

— Qu'à cela ne tienne, si je ne dois pas vous gêner, j'entre.

— Venez donc, on vous invite de bon cœur.

La réunion n'était vraiment pas banale: des ouvriers libres-penseurs, positivistes, un socialiste extrêmement foncé et... un patron catholique.

C'était un vendredi, les ouvriers font gras, le patron demande du maigre; personne ne sourcille, pas même quand il dit son *benedicite*, on le connaissait, c'est ainsi qu'il devait agir, et pas autrement, le contraire eut scandalisé les ouvriers.

La question religieuse est vite sur le tapis.

— Vous autres catholiques, dit un positiviste, vous faites le bien; vous êtes, certains, sincèrement dévoués à l'ouvrier, j'en conviens, mais c'est dans l'espoir d'une récompense céleste, tandis que nous, positivistes, nous agissons de même, mais sans espoir d'aucune sorte.

— D'abord, mon bon ami, nous faisons cela par amour pour Dieu, ce qui n'est pas absolument la même chose; ensuite, vous êtes jeune, ardent, dévoué, mais quand dix ou quinze ans auront passé sur votre tête, que vous aurez mon âge, et qu'après de longues années de dévouement, vous aurez été trahi mille fois par ceux que vous soutenez, que vous vous sentirez suspect, une immense lassitude s'emparera de vous et vous vous demanderez alors si vous n'avez pas manqué votre vie.

A ce moment, nous qui travaillons pour un idéal céleste, tout aussi trahis, tout aussi suspects que vous, nous serons encore aussi jeunes, aussi aimants qu'au premier jour.

— C'est vrai, répondit l'ouvrier après un long silence, vous êtes plus forts que nous.....

Je dois arrêter là ces notes, Mesdames, mais j'en ai dit assez pour que vous puissiez vous rendre compte du degré de confiance et de cordialité des rapports de l'industriel en question et du syndicat ouvrier.

Et si jamais un acte du comité patronal dont fait partie notre industriel, était mal interprété par le comité ouvrier, il suffirait..., pourquoi ne dirai-je pas, il a suffi, de la parole d'honneur donnée par notre ami, sans enquête, sans preuve d'aucune sorte, pour faire revenir sur une décision prise et cela parce que le comité ouvrier a une confiance absolue en la parole de ce patron.....

Avec de la loyauté, de l'affection et de la logique, on obtient, sinon tout, du moins la sympathie et la confiance des ouvriers et des syndicats; pour certains cela vaut mieux que les formes extérieures de la déférence et du respect.

LE ROLE SOCIAL DU CONSOMMATEUR

Ce rapide exposé d'une expérience sociale est terminé, mais si je m'arrêtais là, vous auriez le droit, Mesdames, de m'accuser d'être une sorte de théoricien. Aucune de vous, en effet, n'aura à diriger une usine, aucune de vous n'aura, *à ce titre*, à entrer en *contact réel* avec un syndicat ouvrier, et j'appuie à dessein sur ces mots, car il faut être *professionnel* pour avoir une *action efficace* dans les milieux ouvriers.

Eh bien ! cette accusation de théoricien, la plus grave peut-être qu'on puisse formuler contre un ingénieur, je ne tiens pas à la mériter et c'est pourquoi je sollicite encore pour un moment votre bienveillante attention, et je vous demande même à l'avance de m'excuser si je vous dis sur ce point ce que je *pense* et *tout ce que je pense* ; 20 ans de ma vie passés au milieu des ouvriers m'ont rendu simpliste comme eux.

Dans son immortelle Encyclique sur la condition des ouvriers, le pape Léon XIII a tracé les règles qui doivent diriger le monde du travail.

Orateurs et écrivains sociaux les ont développé savamment.

Plus obscurément peut-être, les industriels sociaux ont essayé de les appliquer, et ici les difficultés ont surgi nombreuses, de là quelques escarmouches entre les théoriciens et les praticiens de la question sociale.

Les règles tracées par le Pape sont-elles donc inapplicables? loin de là, mais le problème avait été mal posé par certains.

On avait parfaitement défini les devoirs et les droits réciproques du patron et de l'ouvrier, les deux facteurs de la production, mais en les considérant comme isolés ; comme si la production était un tout complet, comme si l'industrie fabriquait pour le plaisir de fabriquer, alors qu'elle est au contraire intimement unie à la consommation dont elle alimente les besoins.

En fait, l'équation sociale comporte trois inconnues :

L'*ouvrier*, le *patron*, le *consommateur*. Organes distincts mais dépendant les uns des autres, ces trois éléments sont comme les engrenages d'une même machine, en toucher un, l'enlever, c'est arrêter la machine.

L'ouvrier doit au patron un travail consciencieux, mais il a droit au juste salaire.

Le patron doit au consommateur un produit loyal, mais il a droit au juste prix.

Le consommateur doit au patron le juste prix, mais il a le droit de constater que le juste salaire est payé à l'ouvrier qui travaille pour lui.

Et c'est parce que chacun de ces hommes n'a pas rempli le devoir qui lui incombe que nous nous débattons aujourd'hui dans une sorte d'anarchie sociale.

Des devoirs du patron les sociologues ont rempli de gros volumes,... imprimés au meilleur marché possible par des femmes ou des enfants à demi-tarif.

Il n'y a peut-être pas d'industrie mieux placée que l'imprimerie pour voir la divulgation des théories sociales au rabais.

Plus elles prêchent la théorie des hauts salaires pour l'ouvrier, et moins leur auteur en paie la composition et l'impression à l'imprimeur. J'ai d'abord été un peu étonné au début, mais peu à peu j'ai découvert qu'il y avait là une loi presque mathématique qui peut s'énoncer ainsi.

Ce que l'on dépense en paroles on le perd en logique...

Mais revenons à la question qui nous occupe, car si je continuais ainsi je pourrais peut-être trahir le secret professionnel.

En fait et d'une manière générale, si on parle sans cesse des devoirs des patrons, on oublie constamment de mentionner ceux des consommateurs.

Et voulez-vous connaître, Mesdames, la cause de

cette étrange omission ? C'est que la consommation est régie par deux tendances, je devrais dire deux principes :

La mode d'abord,

La recherche du meilleur marché ensuite.

La mode ne permet pas au consommateur de remplir son devoir social, car c'est une signature en renom qu'il recherche avant tout dans l'objet qu'il achète, il ne *veut* ni ne *peut* contrôler les actes du signataire.

La recherche du meilleur marché est plus nette et plus franche. Le comsommateur qui adopte cette ligne de conduite déclare implicitement ou explicitement qu'il se désintéresse du sort de l'ouvrier qui travaille pour lui.

Ce consommateur est légion, Mesdames, il refuse le *juste prix* qui *seul* peut assurer le *juste salaire* à l'ouvrier ; il manque à son devoir social, et oblige par le fait même l'industriel à manquer au sien ou à se ruiner.

Et, Mesdames, disant ces choses, j'oublie, je vous l'affirme, que je suis industriel et parle simplement comme catholique, attristé par ce manque de logique qui nous perd aux yeux du peuple.

Nous avons acclamé le Pape parlant des misères imméritées de l'ouvrier, mais qu'avons-nous fait, *pratiquement*, pour y remédier ?

Nous avons donné largement, me direz-vous ! Ce n'est pas cela que demande l'ouvrier. Aussi fier que nous, ce n'est pas l'*aumône* qu'il réclame, mais *la justice*. Il réclame le *juste salaire*, celui qui assure sa vie et celle des siens, permet de parer aux chômages forcés, aux maladies, celui qui lui permet aussi de rassembler pour ses vieux jours la somme suffisante pour qu'il vive honoré et respecté au foyer de ses enfants.

Et c'est ici, Mesdames, où apparaît votre véritable rôle, car vous êtes une *puissance sociale*, vous êtes la *puissance d'achat* et vous pouvez beaucoup.

Mais ne vous y trompez pas, pour vous comme pour nous, comme pour tous ceux qui s'adressent au peuple, il n'y a qu'un seul moyen de se faire écouter, c'est d'être logique, c'est de mettre toujours sa conduite en rapport avec ses principes.

Je vous l'ai dit en commençant, je vous parlerai simplement de choses vécues, laissez-moi rappeler encore un souvenir, ce sera... l'avant-dernier.

Il y a quelques mois, je faisais une conférence sur les accidents du travail.

Mes amis qui l'avaient organisé, pendant mon absence, avaient trouvé bon de ne pas y paraître, de telle sorte, que mon auditoire était presque exclusivement socialiste dans la proportion de 75 contre 2.

Mes auditeurs attaquèrent naturellement les patrons : Les patrons remplacent les hommes par des femmes, ils réduisent les salaires, ils tyrannisent l'ouvrier, etc., etc.

Etendant alors la main vers l'un des côtés de la salle, je répondis simplement. — J'aperçois là-bas quelques-uns de mes ouvriers, ils peuvent dire que je repousse l'emploi de la femme dans notre industrie, j'ai écrit et agi dans ce sens ; ils peuvent encore certifier que je maintiens les salaires ; quant à les tyranniser, leur présence ici est une preuve du contraire.....

Et je continuai tranquillement ma conférence, protégé par une certaine sympathie. Il y eut même une preuve pratique de cette sympathie, l'un des auditeurs, ayant jugé que le citoyen orateur devait être altéré, m'apporta un verre de citronelle qui fut le très bien venu, je l'avoue franchement ; deux conseillers municipaux, mes principaux contradicteurs, vinrent même choquer leurs verres contre le mien.

Un an plus tard, je contribuais à faire échouer ces deux mêmes conseillers municipaux, je n'en ai pas fait mystère et pourtant, ces mêmes hommes, mes collègues au conseil des prud'hommes, depuis deux ans, votent et font voter les autres conseillers socialistes afin de me donner la présidence du conseil et cela avec une persistance digne d'un meilleur sort.

Si mes adversaires politiques en agissent ainsi, ce n'est pas mon éloquence qui les a charmés, vous en avez d'ailleurs une preuve aujourd'hui, Mesdames, mais c'est que, quoique catholique, diraient-ils, *parce que catholique*, répondrais-je, j'essaie d'être logique et de mettre ma conduite d'industriel en rapport avec mes principes sociaux, ce qui est parfois difficile.

Les mêmes causes entraînent les mêmes effets, la même logique entraine la même confiance et c'est pour cela que je viens vous demander de mettre la puissance d'achat que vous détenez dans vos mains au service des principes sociaux que nous défendons en commun.

Il y a un an une vaillante femme, la compagne de M. Jean Brunhes, le distingué professeur de l'Université de Fribourg, dans un rapport extrêmement pratique, conviait les catholiques de France à la création de ligues de consommateurs à l'exemple de de l'Amérique.

Cette étude parue dans la revue *L'Association catholique*, n° du 15 novembre 1901, je voudrais la voir entre toutes les mains. L'analyser, serait recommencer une conférence nouvelle, je ne vous imposerai pas pareille pénitence et me bornerai simplement à vous en lire quelques extraits :

I. — *La responsabilité de l'acheteur.*

« Un groupe de femmes, que je représente ici, a résolu d'étudier la question si importante de la « responsabilité de l'acheteur », nous devrions dire, de l'acheteuse, car ce sont surtout les femmes qui achètent. Et c'est en nous adressant surtout et d'abord aux femmes que nous espérons faire œuvre d'éducation et œuvre d'organisation.

« Œuvre d'éducation : La femme qui achète ne sait pas la puissance qu'elle a en tant que « consommateur » sur le monde du commerce et sur le monde du travail. Elle ne songe pas à augmenter par ses achats le bien-être de ceux qui fabriquent et de ceux qui vendent, pas plus qu'elle ne songe à encourager le patron juste, la maison de commerce honnête. En règle générale, la femme achète au meilleur marché.

« Combien de femmes du monde se réjouissent et se félicitent les unes les autres d'avoir acheté tel article « pour rien ». Combien font ainsi la vogue du magasin où l'on vend « très bon marché », comme elles ont fait l'année dernière le succès de cette grande escroquerie qui s'est appelée « la Boule de « Neige » ! Est-ce avarice de leur part ? Non, c'est plutôt légèreté, insouciance et surtout *ignorance*. De cette grave responsabilité de l'acheteuse, personne ne leur a jamais parlé ; et, sous ce rapport, la cliente des grands couturiers qui ne « regarde pas à la dépense » est aussi peu avancée que la femme qui achète une robe au rabais dans les magasins Dufayel. Celle-ci ne se demande jamais, si pour confectionner ces robes, ces manteaux ou autres articles achetés à des prix dérisoires, l'ouvrière n'a pas été réduite au salaire de famine ; celle-là ne se demande jamais si, pour confectionner ces robes, ces manteaux ou autres articles achetés à des prix exhorbitants, l'ouvrière a reçu un juste salaire.

. . . .

« Si nous insistons sur les devoirs de la femme du monde vis-à-vis de la patronne, avant d'indiquer le pouvoir très étendu qu'elle peut avoir sur le travail féminin, c'est que l'acheteuse serait mal venue à édicter les règles de justice qu'elle n'observe pas elle-même.

« Formez votre esprit et votre volonté à vouloir des conditions de vie meilleure pour ceux qui travaillent pour vous, et ces conditions, rendez-les possibles. Il vous sera alors facile de les imposer.

« Il est bien sûr, écrivait un marchand de New-« York, que, si une centaine de mes meilleurs clients « me demandaient à acheter des objets fabriqués « dans de bonnes conditions d'hygiène par des « ouvriers bien payés, il est bien sûr que je n'aurais

« pas grand'peine à découvrir et à vendre des objets « semblables. »

. . . .

« Nous avons un exemple-modèle à citer, qu'il n'est pas nécessaire d'imiter exactement, mais dont il faut que nous nous inspirions : Il nous est donné par les « Ligues de Consommateurs » aux Etats-Unis.

« Voici bientôt dix ans que nos sœurs d'Amérique nous ont ouvert la voie. Ce sont les débuts des Ligues américaines, leur marche, leur progrès, leur influence que nous devons étudier et connaître ; je me propose de vous exposer les grands traits de leur courte et déjà très féconde histoire, en insistant sur les conclusions pratiques qui me paraissent s'en dégager.

II. — *Histoire des Ligues de consommateurs aux Etats-Unis.*

LA LIGUE DE NEW-YORK.

« La première Ligue de consommateurs fut fondée à New-York en 1890 à la suite de l'enquête « sur la condition des vendeuses et des caissières dans les magasins » faite par la *Working Women's Society*. Cette enquête avait révélé des faits très graves. Dans la plupart des magasins les heures de travail étaient excessives, le travail était fait dans des conditions d'hygiène déplorables, les salaires déjà très bas étaient réduits par les amendes, de jeunes enfants étaient employés et surmenés, enfin la loi des sièges était ouvertement violée ; ou les jeunes filles n'avaient pas de chaises à leur disposition, ou elles étaient obligées de payer une amende quand elles s'asseyaient.

« Après un meeting public où tous ces faits furent exposés, la *Working Women's Society* désirant que son enquête eût un résultat immédiat et pratique fit voter la résolution suivante :

« Un comité sera formé qui donnera son aide à « la *Working Women's Society* pour l'élaboration « d'une liste comprenant les magasins qui traitent « leurs employés avec justice. Ainsi l'action et « l'opinion publique pourront encourager l'em- « ployeur juste, qui fait son devoir et donner à « l'employeur juste, mais esclave de la concurrence, « le moyen d'agir selon sa conscience. »

« Cette résolution fut le point de départ de la Ligue des Consommateurs. Quelques mois plus tard, la Ligue était définitivement organisée et adoptait une constitution dont voici les principaux articles :

« 1° Il est dans l'intérêt de la communauté que « tous les travailleurs reçoivent, non le salaire le

« plus bas, mais un salaire qui leur permette de « vivre bien.

« 2° C'est le consommateur qui porte la responsa- « bilité des maux dont souffrent les salariés ; c'est « lui qui persiste à acheter au meilleur marché, « insouciant des conditions de ce bon marché.

« 3° Le devoir du consommateur est donc de re- « chercher dans quelles conditions sont fabriqués « les articles qu'il achète et d'exiger que ces condi- « tions soient au moins morales et permettent au « travailleur de vivre convenablement.

« 4° Ce devoir revient principalement aux con- « sommateurs qui usent des articles fabriqués par « des femmes, étant donné qu'il n'est pas de mini- « mum au-dessous duquel le salaire des femmes ne « puisse être abaissé. »

. . . .

« Autant que possible la Ligue ne patronnera que les magasins se rapprochant du *type d'une bonne maison* tel qu'il a été établi par la Ligue. »

« Ce « type d'une bonne maison » avait été éla- boré après entente avec quelques patrons de New- York qui, par leur expérience pratique et leur esprit de justice, furent les premiers soutiens de la Ligue. Ce type, approuvé en 1891 et auquel on n'a apporté depuis lors aucune modification, doit réaliser les conditions suivantes :

Salaires.

Une bonne maison est celle : Où l'on observe le principe : à travail égal, salaire égal, sans distinction de sexe. Où dans le département des femmes le minimum de salaire est de 6 dollars par semaine pour des adultes expérimentés et ne tombe que rarement au-dessous de 8 dollars.

Où le paiement est fait à la semaine.

Où les amendes, si l'on en impose, alimentent un fond de réserve au bénéfice des employés.

Où le salaire minimum des jeunes filles employées à la Caisse est de 2 dollars au moins par semaine, avec les mêmes conditions en ce qui regarde le paiement à la semaine et les amendes.

Heures de travail.

Une bonne maison est celle : Où la journée de travail dure de 8 heures du matin à 6 heures du soir (avec 3/4 d'heure pour le déjeuner de midi). Où une demi-journée de vacance est donnée un jour par semaine durant au moins deux mois de l'été.

Où toutes les heures de travail supplémentaire sont payées.

Conditions d'hygiène.

Une bonne maison est celle : Où les pièces destinées aux repas, au travail et au repos sont séparées et conformes aux lois sur l'hygiène.

Où la loi des sièges est observée et où l'usage des sièges est permis.

Autres conditions.

Une bonne maison est celle : Où des relations vraiment humaines et dignes sont de règle entre patrons et employés.

Où un service fidèle de plusieurs années est récompensé à sa juste valeur.

Où des enfants au-dessous de 14 ans ne sont pas employés (1).

(1) *Consumers' Leagues*, par Mrs CHARLES RUSSELL LOWELL, p. 5, 6, 7, 8, 9, 10.

« Le Comité consultatif de la Ligue fut chargé de rechercher les magasins de New-York qui réalisaient ces conditions et de publier leurs noms dans les journaux quotidiens. Cette liste qui fut appelée « liste blanche » comprenait 8 noms en 1891 ; en 1898, 40 magasins de New-York y inscrivaient leurs noms.

. . . .

« Toutes ces Ligues manifestent combien étroite et féconde peut devenir cette alliance entre consommateurs et employeurs. Des rapports ou brochures publiés par les différents comités se dégage cette idée générale déjà mise en lumière par la Ligue de New-York : l'employeur se trouve dans l'impossibilité d'améliorer la condition de ses employés sans le concours de sa clientèle.

« Et la femme formant en majeure partie cette clientèle, c'est, comme nous l'avons dit, à la femme acheteuse que revient la responsabilité de tant de maux regardés à tort comme irréductibles. Partout ce sont les mêmes constatations et les mêmes exhortations :

« Nous devons faire notre éducation, nous autres « femmes. C'est à nous de veiller au bien-être des « employés là où nous achetons. Ce n'est pas le « marchand, par exemple, qui désire de longues « journées de vente, c'est nous qui le lui impo-

« sons en faisant nos achats à la fin de l'après-
« midi. »

. . . .

« Mais, à la différence des premières Ligues, celle de Massachusets ne s'arrêtait pas au *vendeur*. Du premier coup elle s'adressait au *fabricant* ; et, au moment où la Ligue de New-York orientait ses efforts de ce côté, elle venait lui apporter son puissant concours et permettre un plus large déploiement de forces contre un ennemi plus éloigné et plus difficile à atteindre que le magasin : l'*Usine*.

« La responsabilité du consommateur ne doit pas
« s'arrêter au magasin. Là où les maux sont les plus
« graves, ce n'est pas là où l'on vend, c'est là où
« l'on produit. Acheter des produits qui sont fabri-
« qués dans des conditions malsaines, c'est perpé-
« tuer par là même ces conditions et s'allier à ceux
« qui exploitent les ouvriers. » Dans cette déclaration nous trouvons le principe du développement nouveau de la Ligue de New-York, et de l'urgence d'une alliance entre toutes les Ligues : Les magasins de New-York ne se fournissent pas exclusivement sur le territoire de l'Etat de New-York, l'enquête de la Ligue pour être complète et vraiment utile avait été conduite à s'occuper des fabriques installées dans les autres Etats.

LA FÉDÉRATION DES LIGUES LOCALES SOUS LE NOM DE LIGUE NATIONALE

« C'est, en 1899, immédiatement après la formation de la Ligue de Massachusets qu'eut lieu, à New-York, la Fédération des Ligues locales de New-York, Pensylvanie, Illinois et Massachusets : ce fut la création de la Ligue Nationale.

« La Ligue Nationale eut pour premier soin de déterminer quelles étaient les conditions à imposer aux *fabricants* et s'arrêta aux conditions suivantes :

« 1° Observation des lois sur la protection des travailleurs ;

« 2° Les enfants au-dessous de 16 ans ne doivent pas être employés ;

« 3° Aucune personne employée dans les manufactures ne doit travailler plus de 10 heures par jour ou de 60 heures par semaine ; aucune ne doit travailler après 9 heures du soir et avant 6 heures du matin (exception faite du veilleur de nuit) ;

« 4° Les fabriques s'engageront à se soumettre à toutes les enquêtes qui seront faites par les représentants de la Ligue et à effectuer les améliorations demandées par la Ligue.

« En outre, comme il est nécessaire que le public sache quels articles sont fabriqués dans ces conditions et qu'il faut l'engager à demander ces articles, la Ligue délivrera aux fabricants affiliés à elle, une sorte de marque de fabrique appelée « *label* ». Seuls auront le droit d'apposer le « *label* » sur leur marchandise les fabricants remplissant *toutes* les conditions imposées, et les inspecteurs ou inspectrices de la Ligue pourront en autoriser ou en retirer l'usage après enquête. »

Le principe de ces ligues est très simple, au lieu de boycotter les usines anti-sociales, ce qui est toujours dangereux, les consommateurs américains favorisent les usines reconnues sociales.

Ces usines doivent prendre un engagement dans ce sens et se soumettre à un certain contrôle, c'est au moins prudent, car il faut compter avec les faiblesses de l'humaine nature.

C'est une ligue de consommateurs catholiques *sociaux* que nous voudrions pouvoir opposer à nos adversaires qui nous citent tant de faits regrettables (1).

(1) Cette ligue sociale de consommateurs existe. Elle a été fondée par Mme Jean Brunhes le 27 décembre 1902. Son siège social est Hôtel des sociétés savantes, 28, rue Serpente, Paris, VI. Voici quelquns extraits du premier tract paru :

« *Qu'est-ce que la Ligue sociale d'acheteurs ?* — La Ligue sociale d'acheteurs est une association de personnes qui, réfléchissant à la responsabilité qu'elles ont vis-à-vis du monde du travail en tant qu'acheteurs ou acheteuses, se préoccupent d'obtenir par

*
* *

Voilà le rôle que vous pouvez remplir, Mesdames, et il est d'une importance capitale, car sans le *consommateur social, l'industriel social* est voué aujourd'hui à une défaite certaine.

leurs achats quotidiens, éclairés et organisés, des améliorations progressives des conditions du travail.

« *Que doit faire un membre de la Ligue sociale d'acheteurs?* — 1° Ne jamais faire une commande sans demander si elle ne risque pas d'entraîner le travail de la veillée ou le travail du dimanche. 2° Toujours éviter de faire ses commandes au dernier moment; surtout aux époques de presse; 3° Refuser toute livraison après 7 heures du soir ou le dimanche afin de ne pas être indirectement responsable d'une prolongation des heures de travail pour les livreurs, employés ou employées, apprentis ou apprenties; 4° Payer ses notes régulièrement et sans retard.

« En outre, un membre de la Ligue sociale d'acheteurs doit avoir la préoccupation constante de connaître ou de chercher à connaître dans quelles conditions travaillent ceux qu'il fait travailler par ses commandes ou par ses achats. Souvent il lui sera impossible, à lui individu isolé, de se renseigner avec exactitude et avec certitude sur des faits dont un grand nombre échappe à sa vue et à son examen. Il voit le magasin et ne peut pénétrer dans l'arrière-boutique. Il voit le salon d'essayage et ne peut entrer dans l'atelier. Il voit la boutique élégante du pâtissier et ne peut visiter ni les salles étroites ou surchauffées ou travaillent les ouvriers, ni les « garnis » où sont logés et empilés les petits « marmitons ». Ce sera l'objet principal de la Ligue de faire des enquêtes générales et de renseigner ses membres sur des faits qui leur échappent nécessairement. Ce sera l'objet de la Ligue de signaler et de recommander à sa clientèle les patrons qui ont eu le courage et la générosité de placer leurs employés et ouvriers dans de parfaites conditions morales et sociales. »

. . . .

Pour remplir ce rôle, il vous faudra consentir quelques sacrifices ; il vous faudra essuyer peut-être quelques fines railleries de salon, mais si vous saviez comme cela est peu de chose en face de cet émouvant appel des ouvriers. Je l'ai entendu souvent et jamais je n'ai su y résister.

« Nous vous demandons peut-être beaucoup, mais nous savons que nous avons en vous un ami, nous avons toute confiance en vous. »

Et ne croyez pas, Mesdames, qu'en parlant ainsi, je veuille donner à vos sacrifices, à votre dévouement, la récompense la plus délicate qu'on puisse rêver : un cœur fermé jusque-là qui s'ouvre largement. — Non.

Mais sachant à qui je m'adresse, je crois qu'un sentiment plus noble, plus élevé, plus chrétien en un mot, dictera votre conduite : ce sera la conscience de cueillir en quelque sorte cette fleur de confiance et d'affection pour la jeter, peut-être sans en respirer le parfum, aux pieds du Christ qui a eu pitié de la foule et de tous ceux qui souffrent.

EMMANUEL RIVIÈRE,

Ingénieur des Arts et Manufactures.

TABLE DES MATIÈRES

IMPRIMERIES RÉUNIES DU CENTRE. — TOURS ET BLOIS.
EMMANUEL RIVIÈRE, INGÉNIEUR E. C. P.

Imprimé par des ouvriers payés au tarif accepté par la Fédération des travailleurs du Livre pour la région.